KB248692

# 하나님의 사람

The People of God

윤종수 성서 명상 시선

**하나님의 사람** The People of God

2018년 10월 2일 초판 1쇄 인쇄
2018년 10월 8일 초판 1쇄 발행

지 은 이 | 윤종수
펴 낸 이 | 김영호
펴 낸 곳 | 도서출판 동연
등     록 | 제1-1383호(1992. 6. 12)
주     소 | 서울시 마포구 월드컵로 163-3
전     화 | (02)335-2630
전     송 | (02)335-2640
이 메 일 | yh4321@gmail.com



ISBN 978-89-6447-453-2   03230
ISBN 978-89-6447-450-1   03230 (세트)

윤 종 수  성 서  명 상  시 선

# 하나님의 사람
## The People of God

동연

하나님의 사람이

하나님의 역사를 이끌어간다.

밤이 깊을수록

시대가 혼란할수록

하나님의 사람들이 깨어서

자기의 자리를 지켜야 한다.

# 차례



1장

## 믿음의 사람

# 지혜의 사람

5장

# 역사의 사람

## 프롤로그(Prologue)

눈발이 차갑게 얼굴을 때리고
거센 바람이 무섭게 몰아쳐도
어차피 올라야 할 산이라면
그래도 가야 할 길이라면
마음을 독하게 다잡아먹고
처음부터 다시 시작해보자.

하늘은 스스로 돕는 자를 돕는다 했고
구하라 그러면 주신다 했지
부르짖어 끝까지 목이 터지면
시끄러워서라도 들어주시겠지.
마지막 갈 데 까지 가다 보면
언젠가 끝이 나오지 않겠어?

가을 잎새가 다 떨어진 후
사람들이 고개를 목 속에 집어넣고
모두들 집으로 돌아간 뒤에
아무도 기다려주지 않는 길을
그래도 묵묵히 걷다 보면
무엇인가 일이 일어나지 않겠어?

일어나지 않으면 어쩌겠어.
거기까지 걸어갔으면 되는 것이고

한 줄기 물보라 속에서
무지개를 보았으면 되는 것.
그리고 그것을 노래했다는 것에
한바탕 웃음을 던질 수 있는 것이지.

그렇게 하면 되는 거야.
언제나 내 자리에 앉아 하늘을 그리워하며
마음에 떨어진 기도의 소원을
연기처럼 향불처럼 태워 올리는 거야.

# 1 장

# 믿음의 사람

# 1. 수종자

그이의 옆에는
항상 그가 있었다.
그는 언제나
그이의 곁을 떠나지 않았다.

그는 눈짓만 해도
그이의 뜻을 알 수가 있었다.
그의 호흡은
그이의 영혼이었다.

진정으로 함께하여
마음을 나눈 사람만이
그이의 후계자가 될 수 있었다.

그 외에  그이의 뜻을 받들어
하늘의 뜻을 이룰 사람이
어디에 있겠는가?

잘 돕는 사람만이
진정한 지도자가 될 수 있다.
그 사람은 자기와 같은
또 다른 사람을 만들어낼 수가 있다.

처음부터 큰 그릇은 없다.
모든 것은
조금의 진흙,
거기에서부터 시작한다.

수천 번 손길을 빚어
큰 그릇은 만들어지는 것.
그 그릇에
위대함이 담겨지는 것이다.

그의 곁을 떠나지 않는다.
언제나 그와 함께한다.
그가 가는 곳에 나도 가고
그가 하는 일을 나도 한다.

여호와의 종 모세가 죽은 후에 여호와께서 모세의 수종자 눈
의 아들 여호수아에게 말씀하여 이르시되 Joshua 1:1

## 2. 너의 영토

너는 너의 영토를 가지라.
나는 나의 영토를 가지마.
신성이 머무는 거룩한 땅.
거기가 나의 영토인 것이니

언제나 만년설 날리고
천년의 구름에 덮여 있는
태고의 신비.
창조의 원형.

그곳에서 나는
나의 마음을 간직한다.
마음을 바닥에 놓지 않고
광야의 영성을 갈고 닦는다.

마음이 통하는
제자들과 함께
수행자의 땅을
맨발로 걷는다.

끝없는 세계가
발아래 펼쳐진다.

내가 걸어야 할
무한의 땅이다.

그 자리에 멈추면
나는 화석이 되고
내 자리에 누우면
나는 무덤이 되니

허리를 세우고
하늘로 머리를 든다.
영성의 기운을
안으로 운행한다.

아무도 나를 막을 수 없고
누구도 나를 해할 수 없다.
나는 나의 영토의
영원한 제왕이다.

---

광야와 이 레바논에서부터 큰 강 유브라데 강까지 헷 족속의
온 땅과 또 해지는 쪽 대해까지 너희의 영토가 되리라. Joshua
1:4

## 3. 형통

너의 입에서
하늘이 말씀이 선포되게 하라.
언제나 축복의 입술이 되게 하라.
어둠의 기운이 젖어들지 않게 하라.

너의 머리에
하늘의 말씀이 머물게 하라.
언제나 말씀의 묵상이 떠나지 않게 하라.
헛된 우상 앞에 너의 머리를 숙이지 말라.

함부로 너의 무릎을 꿇지 말라.
항상 하늘의 부르심에 순종하게 하라.
그 소리를 들을 수 있도록
깨어 준비하라.

말씀이 녹슬지 않도록
진리가 살아있게 하라.
그 역동이 너를 통해
세상에 흐르게 하라.

성전의 문지기가 되어
하늘의 가르침을 나타나게 하라.

네가 말씀을 지키면
말씀이 너를 지켜 주리라.

모든 생명이
너로 인하여 하나가 되게 하라.
따로 떨어져 뒤틀리지 말고
아름다운 조화를 이루게 하라.

하늘이 열리면
마음이 통하고
가슴이 통하면
역사가 통하리니

화통의 삶을 살라.
신통의 길을 걸으라.
상통의 씨앗을 뿌리라.
영통의 노래를 부르라.

이 율법 책을 네 입에서 떠나지 말게 하며 주야로 그것을 묵상
하여 그 안에 기록된 대로 다 지켜 행하라. 그리하면 네 길이
평탄하게 될 것이며 네가 형통하리라. Joshua 1:8

## 4. 준비

때가 되었다.
이때를 놓치면
영원히 변방에
머물러야 한다.

요단을 건너야 한다.
약속된 땅으로 들어가야 한다.
우리가 그 역사의
중심에 서야 한다.

이제 결행을 해야 한다.
언제까지 여기에
머무를 수가 없다.

누구나 한 번쯤은
자기의 목숨을 걸고
운명의 승부를 걸어야 한다.

어차피 패배하면
아무것도 남지 않는다.
생존의 땅이 없는데
무엇을 할 수가 있겠는가?

다만 우리는
그것을 준비할 뿐이다.
그리고 나머지는
하늘이 알아서 할 것이다.

몸을 가볍게 해야 한다.
눈을 부릅떠야 한다.
번개처럼 날아서
독수리처럼 낚아야 한다.

기회를 잡아
순식간에 들어가야 한다.
마지막 결전을 준비해야 한다.
돌아갈 다리를 잘라내야 한다.

# 5. 라합

나도 한 번쯤은
기회를 잡아야 한다.
내가 할 수 있는 것을
시도해야 한다.

나도 언젠가는
역사에 동참해야 한다.
그냥 이대로
죽을 수는 없다.

끝까지
살아야 할 때도 있지만
멋지게
죽어야 할 때도 있다.

나를 짓밟았던 자들에게
내가 살아있음을 보여주어야 한다.
하늘이 살아계심을 증명해야 한다.

지금 잘 나간다고
언제까지 그런 것은 아니다.
시대의 흐름을 읽어야 한다.

하늘의 역사를 분별해야 한다.


조용히 있으면
밥은 먹고 살 것이다.
그러나 그것이
진정으로 사는 것인가?


이제 내 삶을
정리할 때가 되었다.
그만 인욕의 삶을
끝낼 때가 되었다.


그가 나를 부르신다.
언제부턴가 그에게로 가고 싶었다.
이제 그만 그의 앞으로
나아가야 한다.


눈의 아들 여호수아가 싯딤에서 두 사람을 정탐꾼으로 보내며
이르되 가서 그 땅과 여리고를 엿보라 하매 그들이 가서 라합
이라 하는 기생의 집에 들어가 거기서 유숙하더니 Joshua 2:1

# 6. 아침에

마지막 밤이다.
모든 준비가 끝났다.
그들은 우리 앞에서
간담이 녹았다.

이제 승부를 걸어야 할 시간이다.
오늘이 지나면
새로운 역사가 시작될 것이다.

그때는
어둠 속에서 일어나야 한다.
흑암을 깨뜨려야 한다.
약속의 땅으로 들어가야 한다.

저 강을 건너야 한다.
영겁부터 흘러왔던
윤회의 흐름을
멈추게 해야 한다.

이 밤이 지나면
역사가 결행된다.
언제까지 여기에

머무를 수만은 없다.

그곳에서
새로운 나라를 일으켜야 한다.
새 집을 지어야 한다.

눈을 뜨면 광명의 세상이고
깨달음을 얻으면
진리가 하나이다.

이제 마지막 밤을 지새우자.
눈을 뜨고
새 아침을 맞이하자.
일어남이 진리의 첫걸음이다.

여호수아가 아침에 일찍이 일어나서 그와 모든 이스라엘 자손
들과 더불어 싯딤에서 떠나 요단에 이르러 건너가기 전에 유
숙하니라. Joshua 3:1

# 7. 크게

하늘까지 닿고 싶은가?
큰 자가 되기를 원하는가?
그렇다면 하늘이 크게 하셔야 한다.

지도자가 되고 싶은가?
뭇 사람들 위에 올라
마음을 얻고자 하는가?
그렇다면 땅을 감동시켜야 한다.

강하고 싶은가?
태풍처럼 몰아쳐
모두를 쓸어버리고 싶은가?
그렇다면 거센 바람을 이겨내야 한다.

목자가 되고 싶은가?
그들을 인도하여
약속의 땅으로 들어가기를 바라는가?
그렇다면 민중을 사랑해야 한다.

하나님을 너의 마음에 모시고
영원한 평안을 얻고 싶은가?
그렇다면 모든 것을 내려놓고

가난의 영성을 가져야 한다.

이름도 알리고 재물도 가지며
동시에 하늘을 가질 수는 없는 것.
겸손히 버리고 섬기는 자가 되어야 한다.
네가 영광을 받지 않아야 한다.

천지를 꿰뚫는 진리를 알고 싶은가?
모든 번뇌를 물리치는 깨달음을 얻고 싶은가?
그렇다면 날마다 경건의 자리로 나아가야 한다.
자신의 수행에 게으른 자는 진리에 거할 수가 없다.

하늘의 길을 걸어가고 싶은가?
영원한 천국에 들어가고 싶은가?
그렇다면 지금 여기에서 구도의 길을 걸어야 한다.
그 길을 걷지 않고는 결코 그 나라에 들어갈 수가 없을
것이다.

여호와께서 여호수아에게 이르시되 내가 오늘부터 시작하
여 너를 온 이스라엘의 목전에서 크게 하여 내가 모세와 함께
있었던 것과 같이 너와 함께 있는 것을 그들이 알게 하리라.
Joshua 3:7

## 8. 들어서라

바라만 보지 말고
요단으로 들어서라.
그 자리에 머물지 말고
발걸음을 내딛으라.

네 몸이 있는 곳에
마음도 머무는 것이고
네 정신이 있는 곳에
네 몸도 속한 것이니

몸은 땅에 있지만
머리는 하늘에 있는 것처럼
육신은 거기에 있지만
영혼은 새로움을 주유하라.

한 번 죽는 삶을 살지 말고
날마다 산 죽음을 체험하라.
마지막 그 날이 완성이 아니라
매일 거기까지 완성인 것이니

숨이 멎는 날이
죽는 날이 아니라

걸음이 멎는 날이
너의 죽는 날이니라.

고기를 잡으려면
진흙을 묻혀야 하고
열매를 거두려면
나무를 심어야 한다.

시작도 하지 않고
삶을 마치지 말고
날마다 거기까지
너의 삶을 마감하라.

거룩한 말씀을 등에 지고
날마다 나를 따르라.
네가 가는 곳에
나도 함께 하리라.

# 9. 올라오라

강을 건넜으면
그만 거기에서 올라와야지.
언제까지 거기에 있을 거야?
지난 것들은 강물에 흘려버리고.

잊어버려.
훌훌 털어버려.
욕심 부리지 말고 집착하지 말고
항상 좋게 해석해.

맘대로 되는 것이 없고
억지로는 되지 않는 거야.
거기까지 그만큼
최선을 다하면 되는 거지.

그렇게 많이 해서
무엇하려고 그래.
다 같은 한 세상이고
다 같은 한 생명이야.

하늘 아래 높은 것도 없고
땅 아래 낮은 것도 없지.

자꾸 그것을 이야기하면
그것에 머물게 되고
자꾸 그것을 생각하면
그것에 함몰되게 되니

생각을 바꾸고
마음을 다잡고
하늘을 바라봐봐.
돌아갈 날을 생각해야지.

네가 그렇게 좋아하는 그곳을 바라보렴.
좋아만 하지 말고
걷지만 하지 말고
그대로 살아가 봐.

여호수아가 제사장들에게 명령하여 요단에서 올라오라 하매
Joshua 4:17

# 10. 길갈

새날을 선물로 받는다는 것은
지난날들을 씻을 수 있는 기회를 얻는 것이다.
날마다 몸과 영혼을 씻으며 살아가는 것은
우리에게 주어진 또 다른 행복이다.

어떤 사람은 날마다 몸을 씻고 살아가지만
어떤 사람은 날마다 그 속에서 그것을 즐기고 있다.
그리고 나는 날마다 거기에서 벗어나기 위해
나의 자리에 앉아 영혼을 씻는 것이다.

씻을 수 있는 날이 주어졌다는 것은
참으로 다행스런 일이다.
적어도 오늘이
마지막은 아니다.

우리는 언제나 다시 시작할 수 있다.
그리고 날마다 다시 일어날 수 있다.
같이 일어나 길을 걸어갈 사람이 있다는 것은
우리에게 남아있는 또 다른 기쁨이다.

아직 우리는 숨을 쉴 수가 있다.
아직 우리에게는 숨을 쉴 날이 남아있다.

언제 끝날지는 모르지만
그래도 아직은 여기에 있다.

역사의 어둠이 지배하는 세상에서
캄캄한 절망의 세월을 딛고 일어나
우리는 날마다 새날을 맞이한다.
거룩한 작업을 시작한다.

이것이 우리가 할 수 있는 최선의 일이며
아직 우리에게 남아있는 마지막 일이다.
적어도 우리는 거기에
머물지는 않는 것이다.

오늘도 나는 어둠의 길을 떠나
역사의 수레를 굴리는 삶의 몸짓을 하늘로 올린다.
저 멀리 하얀 구름이 피어오르고 나는 다시 길을 걸어
간다.
숨을 쉬며 산다는 것이 오늘 우리에게 주어진 하루의
신비이다.

여호와께서 여호수아에게 이르시되 내가 오늘 애굽의 수치를
너희에게서 떠나가게 하였다 하셨으므로 그 곳 이름을 오늘까
지 길갈이라 하느니라. Joshua 5:9

# 11. 행진

매일 하늘을 바라보며
한 바퀴씩 도는 것이다.
침묵으로 열을 지어
희망을 심는 것이다.

우리의 기도를 모으면
막혔던 장벽이 무너지고
하늘을 찌르는 창칼들이
눈처럼 녹아내릴 것이다.

그 허상이 밝혀질 것이다.
우린 그때까지
어둠의 길을 걷는 것이다.
우리의 기도를 올리는 것이다.

언제 역사가 일어날지 모르지만
우리가 살아있는 한
날마다 거기까지
완성하는 것이다.

우리의 메마른 등에
진리의 법궤를 메고

약속의 길을 가는 것이다.
순례의 길을 걷는 것이다.

입으로 나불거리지 않고
삶으로 보여주는 것이다.
천지개벽의 몸짓을
한데 묶는 것이다.

그리고 때가 되면
모두가 일어나
자유의 함성을 지르는 것이다.
심판의 날을 증명하는 것이다.

언제나 그 자리를 지키는 것이다.
세상에 우리의 믿음과
하늘이 살아계심을
보여주는 것이다.

---

너희 모든 군사는 그 성을 둘러 성 주위를 매일 한 번씩 돌되
엿새 동안을 그리하라. Joshua 6:3

# 12. 아골 골짜기

그때 내가 눈이 멀었나이다.
시날 산의 아름다운 외투 한 벌에
나의 인생을 팔았나이다.
나의 신앙을 버렸나이다.

무서운 일이나이다.
순간에 일어난 일이나이다.
마음속의 생각이
현실로 벌어졌나이다.

그것은 순간이 아니었나이다.
오래전부터 그 욕망이
내 속에서 자라고 있었나이다.
나는 그 싹을 잘라야 했나이다.

내가 당신을 잃어버렸나이다.
반짝이는 은 한 뭉치가
내 마음속에 들어왔나이다.
당신 앞에 무서운 죄를 지었나이다.

내가 당신을 배반했나이다.
누런 금덩이 하나에

내 자신을 팔았나이다.
돌이킬 수 없는 죄가 찾아왔나이다.


나를 돌로 쳐주소서.
다시는 이런 일이 일어나지 않도록
그리하여 거룩한 당신의 백성들이 타락하지 않도록
나의 무덤을 만드소서!


나의 손길을 멈추게 하지 않은
내 가족들도 죄를 지었나이다.
그들도 나와 같이 거들었고
속으로 웃음을 지었나이다.


이제 내가 그 죄를 지겠나이다.
고통의 골짜기를 지나겠나이다.
나의 죄를 씻겠나이다.
나의 이름을 지우겠나이다.

그 위에 돌무더기를 크게 쌓았더니 오늘까지 있더라. 여호와께
서 그의 맹렬한 진노를 그치시니 그러므로 그곳 이름을 오늘
까지 아골 골짜기라 부르더라. Joshua 7:26

# 13. 매복

다 나가지 않는다.
마지막 지킬 것은
중심에 남긴다.
나가는 것도 지혜가 필요하다.

다 주지 않는다.
개에게 진주를 던지지 않고.
마지막 진리는
마음에 남긴다.

다 말하지 않는다.
받을 자는 말하지 않아도
이미 다 알아채는 것.
마지막 통찰은 가슴에 새긴다.

하늘 높은 줄 알고
땅이 넓은 줄 안다.
언제나 깊은 물은
흔들림이 없다.

항상 주변을 살핀다.
나갈 때가 있고 들어올 때가 있다.

기분에 좌우되지 않고
감정에 변하지 않는다.

내 마음의 성소에
진리를 모신다.
세상의 영광에
마음을 뺏기지 않는다.

매일 나의 삽으로
강물을 퍼 올린다.
하늘의 계시를 받아
마음의 심비에 새긴다.

새기지 않으면
바람에 날리고
바람에 날려간 새들은
돌아오지 않는다.

너희는 매복한 곳에서 일어나 그 성읍을 점령하라. 너희 하나
님 여호와께서 그 성읍을 너희에게 주시리라. Joshua 8:7

# 14. 기브온

우리를 받아주십시오.
당신들과 함께하겠습니다.
당신들의 하나님을 섬기며
당신들과 하나가 되겠습니다.

당신들의 이야기를 들었습니다.
이집트 제국에 맞서
시퍼런 홍해를 건너
광야를 지나온 역사.

거룩한 산에 올라
신성을 체험하고
하늘의 가르침을
세상에 전한 사람들.

모두 다 머리를 숙일 때
당신들은 머리를 들었습니다.
모두 다 세상을 바라보았을 때
당신들은 하늘을 바라보았습니다.

그리고 하늘의 소리를 찾아
순례의 길을 걸었습니다.

그리하여 당신들은
여기까지 도달하였습니다.

아무도 그렇게 할 수는 없었습니다.
불굴의 의지와
꺾이지 않는 희망으로
사막에서 생수를 터뜨렸습니다.

우리를 받으셔서
나무패는 자로 삼으시고
물을 긷는 자로 삼으소서!
당신들의 일원이 되겠습니다.

당신들의 역사와 하나가 되어
하늘의 역사를 열어가겠습니다.
구원의 물줄기를
세상에 흐르게 하겠습니다.

---

그날에 여호수아가 그들을 여호와께서 택하신 곳에서 회중을
위하며 여호와의 제단을 위하며 나무를 패며 물을 긷는 자들
로 삼았더니 오늘까지 이르니라. Joshua 9:27

## 15. 대적

죽일 수 있을 때
죽여야 한다.
얄팍한 동정이나
가벼운 눈물은 버려야 한다.

네가 죽이지 않으면
네가 죽게 될 것이다.
사소한 싹에 의해
하늘이 보이지 않을 것이다.

이길 수 있을 때
이겨야 한다.
목을 밟아야 한다.
숨을 끊어야 한다.

네가 당기지 않으면
그들이 당길 것이다.
음흉한 미소를 지으며
너를 비웃을 것이다.

가둘 수 있을 때
가둬야 한다.

그들을 가두지 않으면
네가 가두어질 것이다.

다시는 일어나지 못하도록
철저히 밟아야 한다.
너를 비웃지 못하도록
본때를 보여야 한다.

두 번 다시 같은 기회는
오지 않는 것이니
부를 수 있을 때 불러야 한다.
걸을 수 있을 때 걸어야 한다.

네 손은
너 자신을 가리켜야 한다.
잡을 수 있을 때 잡아야 한다.
오를 수 있을 때 올라야 한다.

여호수아가 그들에게 이르되 두려워하지 말며 놀라지 말고 담
대하라. 너희가 맞서서 싸우는 모든 대적에게 여호와께서 다
이와 같이 하시리라. Joshua 10:25

# 16. 이 산지

아직 나에게 할 일이 있습니다.
그것을 이루기까지
난 죽을 수가 없습니다.
하늘로 돌아갈 수가 없습니다.

지금까지 난
그것을 위해 살았습니다.
그때 나에게 주셨던 땅.
그곳에 들어가야 합니다.

아무도 가지 않는 땅.
아무도 오르지 않는 땅.
생명의 풀 한 포기 자라지 않고
생명수 한 방울 흐르지 않는 땅.

내가 그 땅으로
나아가야 합니다.
아무도 걷지 않는 땅.
그곳을 걸어야 합니다.

세계의 지붕에서 발원하여
거룩한 강이 흘러가고

사람들은 거기에서
하늘을 바라보고 있습니다.


자기의 몸을 씻으며
그 날을 기다리고 있습니다.
내가 그것을
이루어야 합니다.


거기에서 당신의 노래를 불러야 합니다.
그곳에서 나의 자리에 앉아야 합니다.
영원히 윤회하는 사해의 고통을
진리의 불로 살라야 합니다.


더 이상 이룰 것도 없고
더 이상 말할 것도 없는
지고의 자유를
완성해야 합니다.


그날에 여호와께서 말씀하신 이 산지를 지금 내게 주소서! 당
신도 그날에 들으셨거니와 그곳에는 아낙 사람이 있고 그 성
읍들은 크고 견고할지라도 여호와께서 나와 함께 하시면 내가
여호와께서 말씀하신 대로 그들을 쫓아 내리이다. Joshua 14:12

# 17. 무엇을 원하느냐?

하늘의 용사들이여!
승리가 눈앞에 있다.
저 산만 넘으면
우리는 완성을 이룬다.

너희의 젊음을
어디에 바치겠는가?
무엇이 너희의 삶을
이끌어 가고 있는가?

사람이 태어나서
한 번 사는 것이거늘
비겁한 생존인가,
장렬한 완성인가?

너희의 원하는 것이 무엇인가?
우리의 마지막이 여기에 있다.
우리의 삶을 바칠 곳이
바로 이곳이지 않은가?

너희의 신부가
그를 기다리고 있다.

마지막 승리를 얻는 자에게는
빛나는 월계관을 씌워 주리라.

그 영광의 이름이
대대로 기억되리라.
명예의 전당에
그 이름이 남겨지리라.

너희의 후대들이
그 이름을 자랑하리라.
너희와 함께 함이
그들의 기쁨이 되리라.

온 세상이 거기에
무릎을 꿇으리라.
바로 그곳에서
하늘의 나라가 이루어지리라.

악사가 출가할 때에 그에게 청하여 자기 아버지에게 밭을 구
하자 하고 나귀에서 내리매 갈렙이 그에게 묻되 네가 무엇을
원하느냐 하니 Joshua 15:17

## 18. 스스로

낯선 언어다.
잊혀진 말이다.
사람들은 새로운
땅을 찾지 않는다.

먹고 살기도 힘든데,
먹고 사는 것이 중요하다.
이제는 그런 자들이
선망의 대상이 되어버렸다.

옛날에는,
지금은 옛날이 되었지만
그들의 것은
바라보지도 않았다.

창조와 개혁은
그들이 다 가져가 버렸다.
우리에게 남은 것은
가만히 있는 것이다.

그들이 먹다 남은 것을 던져주면
감지덕지 받아먹는 것이다.

변화의 움직임은
불온의 온상이다.

어디에 희망이 있으며
어디에서 빛이 비쳐오는가?
방향도 없고 감각도 없고
운명이 삶을 지배한다.

거기에서 우리는
희망을 찾는다.
그래도 그들이라도 있기에
우리는 하늘을 바라본다.

처절하게 절망하라.
거짓 희망에 속지 말라.
그래서 거기에서
꽃이 피어나게 하라.

여호수아가 그들에게 이르되 네가 큰 민족이 되므로 에브라임
산지가 네게 너무 좁을진대 브리스 족속과 르바임 족속의 땅
삼림에 올라가서 스스로 개척하라. Joshua 17:15

## 19. 그림



그림을 그린다는 것은
아직 희망이 있다는 것이다.
희망의 그림을 그리면
그 그림은 현실이 된다.

스스로 그림을 그리는 것은
그릴 것이 있다는 것이다.
눈으로 들어오지 않는 것은
마음으로 그릴 수가 없는 것.

그림을 그리는 것은
그 형상이 마음에 들어왔다는 것이다.
그것은 또 다른 세계를 여는
하늘의 축복이다.

마음으로 그림을 그리면
그 그림은 목표가 되어
내 삶의 밭에 심겨진다.
나의 나무가 된다.

그대의 나무는 어디에 있는가?
그 나무는 언제나 거기에서

하늘로 두 팔을 벌리고
기도를 올리고 있는가?

때를 따라 이파리를 내고
아름다운 꽃을 피우며
열매를 맺고 있는가?

내 입에서
노래를 멈추지 않는 것.
노래가 끝난 삶은
영혼이 없는 것이다.

오늘도 나는 하늘에
그림을 그린다.
영원히 지워지지 않을
생명의 꿈을 꾼다.

## 20. 도피성

도피하지 말라.
정당하게 맞서라.
도망가는 것이
습관이 되지 않게 하라.

다만 도저히 어찌할 수 없을 때
그때 나에게로 오라.
그때까지만
거기에 있으라.

모든 것이 다 지나가고
다시 세상으로 나갈 때까지
조신하게 자숙하고
얼굴을 보이지 말라.

한 번 죄를 범하였으면
그것이 고의든 실수든
조용히 삶을 정리하고
나의 성소로 들어오라.

거기에서 나를 바라보며
회개의 삶을 살라.

자신을 위하여
눈물을 흘리라.

눈을 치켜뜨고
자기 의를 자랑하는 자보다
차라리 그게 나으니라.
아무런 변명도 하지 말라.

자기를 주장하지 말고
겸손히 머리를 숙여
너의 목을 빼고 기다리라.
네가 자랑할 것이 무엇인가?

모두 나에게로 오라.
내가 너희를 위하여
한 성을 예비하리라.
영생의 샘을 주리라.

이스라엘 자손에게 말하여 이르기를 내가 모세를 통하여 너희
에게 말한 도피성들을 너희를 위해 정하여 Joshua 20:2

# 21. 다른 제단

오직 하늘 아래에
하나의 제단이 있으니
너희를 위하여
다른 제단을 쌓지 말라.

무엇을 위하여
제단을 쌓는 것인가?
가증한 제사를
나에게 올리지 말라.

눈을 치켜뜨며
패거리를 만들지 말라.
너의 이름을 위하여
음모를 꾸미지 말라.

온유와 겸손으로
거룩한 옷을 입으라.
날마다 자신을 쳐서
성소로 나아가라.

자신을 자랑하는 자와
가까이 하지 말라.

너 자신도 거기에 물들까,
그것을 두려워하라.


가까이 하는 그것을
너도 하게 될 것이고
네가 눈 맞추는 그것을
너도 닮게 되리라.


너의 인생이
얼마까지인가?
어느 때까지
너의 길을 가려는가?


하늘 두려운 줄 알고
생명 귀중한 줄 알라.
그날 가까운 줄 알고
심판 받게 될 줄 알라.

오직 우리의 하나님 여호와의 제단 외에 다른 제단을 쌓음으로 여호와를 거역하지 말며 우리에게도 거역하지 말라. Joshua 22:19

## 22. 선택



너희는 제국의 하나님을 택하는가?
나는 자유의 하나님을 택하겠노라.
너희는 가진 자의 하나님을 택하는가?
나는 가난한 자의 하나님을 택하겠노라.

너희는 권세자의 하나님을 택하는가?
나는 노예들의 하나님을 택하겠노라.
너희는 부자의 하나님을 택하는가?
나는 거지들의 하나님을 택하겠노라.

나는 허망한 세상을 따르지 않는다.
나는 사라질 권세를 원하지 않는다.
나는 육신의 양식이 아니라
하늘의 양식을 구한다.

너희는 소유자의 하나님을 택하는가?
나는 순례자의 하나님을 택하겠노라.
너희는 지키는 자의 하나님을 택하는가?
나는 버리는 자의 하나님을 택하겠노라.

너희는 평지의 하나님을 택하는가?
나는 산지의 하나님을 택하겠노라.

너희는 성을 쌓는 하나님을 택하는가?
나는 길을 내는 하나님을 택하겠노라.

너희는 탐식의 하나님을 택하는가?
나는 금식의 하나님을 택하겠노라.
너희는 욕망의 하나님을 택하는가?
나는 수행의 하나님을 택하겠노라.

오늘도 나는 그를 따라
죽음의 강을 건넌다.
매일 새로운 땅을 찾아
더러운 신발을 벗는다.

하늘을 바라보며
그 앞에 무릎을 꿇는다.
세상에 무릎을 꿇지 않으려
얼굴을 하늘로 향한다.

---

만일 여호와를 섬기는 것이 너희에게 좋지 않게 보이거든 너
희 조상들이 강 저쪽에서 섬기던 신들이든지 또는 너희가 거
주하는 땅에 있는 아모리 족속의 신들이든지 너희가 섬길 자
를 오늘 택하라. 오직 나와 내 집은 여호와를 섬기겠노라.

Joshua 24:15

# 2 장

순종의 사람

## 23. 누가?

누군가 물꼬를 터야 한다.
자기 몸을 던져
두려움의 장막을 거둬내는
그때부터 새로운 시대는 시작된다.

역사는 용감한 자에 의해
한 페이지가 기록된다.
비겁한 자는
나중에 그것을 바꾸려 한다.

한 치 앞도 보이지 않는
캄캄한 절망 속에서
누군가 던지는 돌멩이 하나에
혁명의 파문이 일어난다.

그래,
처음의 몸짓이 중요하다.
바위는 죽은 것이고
계란은 살아있는 것이다.

바위에 계란치기이지만
산 생명이 죽음 위에 던져질 때

그때 부활의 역사가 일어나는 것.

우리는 그것을 보지 않았는가?
그리고 그것이
오늘의 역사를
이끌고 가고 있지 않은가?

내가 올라간다.
이것을 위해 오늘까지
이 길을 걸어온 것이다.

내 한 목숨을 여기에 던져서
희망의 꽃이 피어난다면
기꺼이 나를
여기에 바칠 것이다.

여호수아가 죽은 후에 이스라엘 자손이 여호와께 여쭈어 이르
되 우리 가운데 누가 먼저 올라가서 가나안 족속과 싸우리이
까? Judges 1:1

## 24. 가시

가시를 잘라내야 한다.
그것들은 나의 약한 부분으로
공격해 올 것이다.

올무를 벗어나야 한다.
그것들은 내가 혼자 있을 때,
유혹의 손길을 뻗쳐온다.

욕심을 버려야 한다.
거기에서 초월해야 한다.
모든 파멸의 근원이
여기에서 나오는 것.

욕망을 씻어야 한다.
헛된 것을 찾아
사라져버릴 것을 쌓아
하늘에 오르려 한다.

그것이 올가미가 된다.
내 목을 조여
숨을 쉬지 못하게 한다.
하늘의 숨을 쉬어야 한다.

죽일 수 있을 때
죽여야 한다.
버릴 수 있을 때
버려야 한다.

얄팍한 동정이나
가벼운 측은지심이
우리를 넘어뜨린다.
철저히 파괴해야 한다.

다시는 일어서지 못하도록
또 다시 넘보지 못하도록
싹을 모조리 잘라내야 한다.
깨끗하게 불태워야 한다.

그들이 너희 옆구리에 가시가 될 것이며 그들의 신들이 너희
에게 올무가 되리라. Judges 2:3

# 25. 옷니엘

캄캄한 땅에서
그가 일어섰다.
그곳에선 아무도
일어서지 않았다.

부르짖는다는 것은
아직 희망이 있다는 것이다.
일어선다는 것은
아직 믿음이 있다는 것이다.

무언가 믿는 구석이 있으니
일어서는 것이다.
누구도 개죽음을
하려고 하지는 않는다.

세상에 개죽음이 있는가?
죽음이란 항상 무엇인가,
역사를 일으킨다.

죽음의 흘린 피는
땅을 움직이게 하고
사람들의 가슴에

붉은 기운이 솟아나게 한다.

그들이 바로
불굴의 용사였다.
그들로 인해
역사는 흘러왔다.

세상의 승리는
생각대로 이루어지지 않는다.
누구도 그렇게 생각하지는 않았다.
그것이 역사의 변수이다.

뜻하지 않는 역사가 일어나는 것.
전혀 새로운 일들이 일어나는 것.
우리는 그것을 믿는다.
그리고 그것을 위해 오늘 싸우는 것이다.

여호와의 영이 그에게 임하셨으므로 그가 이스라엘의 사사가
되어 나가서 싸울 때에 여호와께서 메소보다미아 왕 구산 리
사다임을 그의 손에 넘겨 주시매 옷니엘의 손이 구산 리사다
임을 이기니라. Judges 3:10

## 26. 에훗

무서운 일이다.
하늘을 알지 못하는
잔인한 자들이 일어나
종려나무 성읍을 점령했다.

그것은 우리의 실수였다.
우리는 하늘의 은혜를 저버리고
욕망의 삶을 살았다.
하늘 앞에서 악을 행하였다.

이제는 내가 일어서야 한다.
하늘의 한을 풀어야 한다.
지금까지 나는 한번이라도
제대로 살았던 적이 있었던가?

내가 앞으로 나가겠다.
나를 역사의 제물로 바치겠다.
언젠간 한 번은
하늘로 돌아가야 하는 것.

지금이 바로 그때일 것이다.
기회는 언제나 오지 않는다.

죽음을 두려워하지 않는 자에게
그들은 힘을 쓸 수가 없다.

앉아서 죽을 수는 없다.
나를 들어 역사의
한 가운데에 던지는 것이다.

나머지 역사는
하늘이 하실 것이다.
나는 그저 몸짓을 하는 것이다.

그리고 모든 역사를 마치고
하늘로 돌아가는 것이다.
얼굴에 웃음을 띠우며
하늘의 품에 안기는 것이다.

이스라엘 자손이 여호와께 부르짖으매 여호와께서 그들을 위
하여 한 구원자를 세우셨으니 그는 곧 베냐민 사람 게라의 아
들 왼손잡이 에훗이라. Judge 3:15

## 27. 삼갈

그의 영이 내려오니
내가 일어서도다.
하늘의 바람이 불어오니
기력을 떨치도다.

그가 함께 하니
두려움이 없도다.
그가 힘을 주니
철장을 붙잡도다.

누구나 한 번은
목숨을 바쳐야 하는 것.
무엇을 위해 바쳐야 할까,
그것이 문제로다.

그가 나를 위해
목숨을 버렸으니
나도 그를 위해
생명을 버리도다.

버리면 얻고
죽으면 사는 것이니

그의 진리로
하늘이 열리도다.

이 역사를 위해
나의 몸을 드리오니
살아도 영광이요
죽어도 여한이 없도다.

역사야, 기다리라.
땅들아, 문을 열라.
내가 거기에 들어가도다.
내가 하늘의 역사를 이루리라.

내가 너희와 함께 가리라.
내가 광야에 길을 내리라.
산을 넘고 강을 건너
하늘의 뜻을 이루어 내리라.

에훗 후에는 아낫의 아들 삼갈이 있어 소모는 막대기로 블
레셋 사람 육백 명을 죽였고 그도 이스라엘을 구원하였더라.
Judges 3:31

# 28. 드보라



깰지어다.
드보라여!
노래할지어다.
하늘의 문을 열지어다.

일어날지어다.
절망에 사로잡힌 자들을
자유의 땅으로
인도할지어다.

이제 너희가
일어날 때가 되었도다.
너희의 역사를 위하여
여 전사들이 필요하다.

평화의 세상을 열라.
생명의 나라를 일으키라.
모든 사람에게
꺼지지 않는 희망을 전하라.

너희가 일어나야
세상이 살아나고

너희의 사랑으로
생명이 유지된다.

너희의 책임을
땅 속에 묻어두지 말라.
단지 먹히고 입혔다고
거기에 만족하지 말라.

너무나 추운 세상,
사람들은 몸을 움츠리고
모두가 거북의 목이 되어
몸을 사리고 있다.

하늘의 예언을 전하고
불굴의 믿음을 남기라.
너의 생명으로
한줄기 역사의 불을 켜라.

그 때에 랍비돗의 아내 여선지자 드보라가 이스라엘의 사사가
되었는데 Judges 4:4

# 29. 야엘

지금 나의 자리에서
할 수 있는 것을 한다.
뒤로 물러서지 않고
역사의 문을 연다.

기회가 왔으면
놓치지 않는다.
일어나 앞으로 나가
그의 손을 잡는다.

다만 기다리지 않는다.
땅을 엎고 밭을 갈아
돌을 골라낸다.

두려움만 없으면
지극히 쉬운 알이다.
악마는 공포를 이용한다.
있지도 않을 일을 걱정하는 것.

그것이 어디에서 오는 것인가?
현상의 근원만 깨닫는다면
우리는 진리를 볼 수 있다.

실상만 제대로 안다면
우리는 많은 일을 할 수 있다.
헛된 것에 사로잡히지 않는다.

잠든 자를 잡아채는 것은
얼마나 쉬운 일인가?
악의 뿌리를 제거하고
죄의 마음을 불태운다.

얄팍한 동정으로
역사는 열리지 않는다.
한 번 마음을 굳게 먹고
역사를 내리치는 것이다.

그가 깊이 잠드니 헤벨의 아내 야엘이 장막 말뚝을 가지고 손
에 방망이를 들고 그에게로 가만히 가서 말뚝을 그의 관자놀
이에 박으매 말뚝이 꿰뚫고 땅에 박히니 그가 기절하여 죽으
니라. Judges 4:21

# 30. 기드온

기적을 바라지 않는다.
매일 할 수 있는 일을
묵묵히 계속하는 것.
그것이 나의 역사이다.

그 사람들이
미래의 역사를 펼쳐간다.
바로 그들이
하늘의 역사를 열어간다.

나무를 심는 자는
나무를 심고
글을 쓰는 자는
글을 쓰는 것이다.

다만 눈을 떠야 한다.
고개를 들어야 한다.
우리의 얼굴을
하늘로 향해야 한다.

가장 작은 자에게서
불이 일어나는 것.

가장 약한 자에게서
역사가 일어나는 것.

그래야 역사의 반전이다.
마음이 통쾌하다.
그래서 그것이
우리의 희망인 것이다.

이를 악물고
살아있어야 한다.
끝까지 꿈을
놓치지 말아야 한다.

역사는 그들에 의해서 살아난다.
그렇지 않으면 누가 이 역사를 살리겠는가?
지금은 너희가 마음껏 웃어라.
그때에는 우리가 웃을 것이다.

기드온이 그에게 대답하되 오, 나의 주여. 여호와께서 우리와
함께 계시면 어찌하여 이 모든 일이 우리에게 일어났나이까?
그 모든 이적이 어디 있나이까? Judges 6:13

# 31. 여릅바알

자리에서 일어나면
여릅바알이 된다.
사람이라면 자신을 알고
일어날 때를 알아야 한다.

적어도 나는
군중이 되기는 싫다.
있는 듯 없는 듯
그 속에 파묻히기는 싫다.

거기에서 살아가지 않는다.
눈을 뜨고 가슴을 열어
하늘의 역사를
이루어야한다.

날마다
거짓의 제단을 허문다.
시간마다
하늘 앞에 선다.

늘여 빼는
긴 삶이 아니라

순간을 살더라도
진정한 삶을 살아간다.

그와 함께
그의 곁에서
그를 따라서
길을 걸어간다.

다시는 돌아오지 않을
운명의 다리를 건너
새롭게 깨닫는
하늘의 영역이다.

그것이 아니라면
살아갈 이유가 없다.
구차한 목숨을 유지할
한 점의 필요도 없다.

그 날에 기드온을 여룹바알이라 불렀으니 이는 그가 바알의
제단을 파괴하였으므로 바알이 그와 더불어 다툴 것이라 함이
었더라. Judges 6:32

# 32. 삼백 명

더 이상 필요가 없다.
자신을 바쳐
하늘의 뜻을 따르는
그들이면 된다.

우리의 역사는
숫자의 싸움이 아니다.
그것은 단지 하늘이 하시도록
상황을 준비하는 것이다.

최선을 다하고 기다리면
나머지는 하늘이 역사한다.
그보다 더 이상 나가는 것은
그의 뜻을 거스르는 것이다.

자기의 힘으로
그보다 앞서서 역사를 거스르는
수많은 반역이 있어왔다.

하늘로 향해 창검을 높이 들고
꼭대기까지 닿으려는
바벨탑을 쌓아왔다.

하늘을 찌르는 그들의 의도가
그것으로 증명이 되었다.
만 천하에 밝히 드러났다.

자기가 무엇을 하는지도 모르는
무지한 사람들.
하늘의 뜻을 외면하고
자기만 배불리는 사람들.

그들은 그들의 욕망으로 망할 것이고
우리는 그것을 버림으로 살아날 것이다.
그리고 폐허의 그 땅에서
다시 생명의 노래를 부를 것이다.

여호와께서 기드온에게 이르시되 내가 이 물을 핥아 먹은 삼
백 명으로 너희를 구원하며 미디안을 네 손에 넘겨주리니 남
은 백성은 각각 처소로 돌아갈 것이니라. Judges 7:7

# 33. 아비멜렉

그 밑에 가면
먹을 것이 있을 것이다.
그를 부추키어
우리의 왕국을 세워보자.

기회를 잡으면
놓치지 않아야 한다.
언제 다시 찾아올지는
아무도 모르는 것.

한 번 해본 놈이 잘 할 수 있다.
내가 해봐서 안다.
순수와 진실은 먹을 것이 없다.
어떻게 해서든지 잡아야 한다.

우리는 이것을 위해 태어났다.
이렇게 살다가 마치는 것이다.
멋지지 않은가?

그래도 검든지 희든지,
우리가 역사의 한 페이지를 써왔다.
저 같은 놈들이

무엇을 알겠는가?

그들은 쥐새끼와 같다.
언제든지 가진 자들,
힘 있는 자들 편에 선다.
그렇게 밀고 나가면 된다.

내가 쓰는 것이
세상의 역사가 된다.
약자의 변명은
패자의 이유이다.

너희의 믿음대로
그대로 이루어지는 것.
너희는 그것을 믿으라.
나는 이것을 믿겠노라.

세겜의 모든 사람과 밀로 모든 족속이 모여서 세겜 상수리나
무 기둥 곁에서 아비멜렉을 왕으로 삼으니라. Judges 9:6

## 34. 가시나무

나에게로 오라.
나와 함께 하자.
내가 너희를
신세계로 안내하리라.

내 그늘로 피하라.
내가 너희를 지키리라.
천년동안 머물 수 있는
안전한 성을 쌓아보자.

나에게 무릎을 꿇으라.
내 앞에 와서 나를 경배하라.
그러면 너희를 보호해 주리라.
아무도 너희를 침범치 못하리라.

나를 너희의 머리로 삼으라.
어차피 너희는 누구든지 섬겨야 하니
내가 너희를 영광스럽게 하리라.
세계에 이름을 떨치게 되리라.

나의 가시는 날카롭고
나의 면류관은 위엄이 있도다.

내가 한 번 물면
영원히 놓지 않으리라.

나를 거역하는 자는
뜨거운 불로 살라 주리라.
자손 대대로
철저히 보응하리라.

시대를 살피라.
저울의 추가 어디로 기울었는지?
내가 하는 대로
너희는 가만히 있으라.

그러면 밥은 먹고 살리라.
진실이 밥 먹여 준다고 하더냐?
다른 어리석은 짓 하지 말고
내 뒤를 따라오라.

가시나무가 나무들에게 이르되 만일 너희가 참으로 내게 기름
을 부어 너희 머리 위에 왕으로 삼겠거든 와서 내 그늘에 피하
라. 그리하지 아니하면 불이 가시나무에서 나와서 레바논의 백
향목을 사를 것이니라. Judges 9:15

## 35. 돌라

어차피 그렇게 되었다면
그림자를 지워야 한다.
그것이 제일
우선이 되어야 한다.

새로운 사람들이
일어나야 한다.
역사의 흐름을
바꿔야 한다.

그렇지 않다면
세상에 존재하는
아무런 의미가 없을 터.

구원의 이름을
남겨야 한다.
새로운 역사를
일으켜야 한다.

그때까지 우리는
희망을 버리지 않아야 한다.
우리가 가질 것은

오직 그것뿐.

그 외에 우리에게
필요한 것이 무엇인가?
역사는 반드시
마지막으로 돌아갈 것이다.

그런 믿음이 없다면
우리는 살아갈 희망이 없다.
그래서 사람들이
저절로 무너지는 모양이다.

누군가는 일어나야 하고
누군가는 멈추게 해야 한다.
그리고 우리는 끝까지
기도를 드려야 한다.

아비멜렉의 뒤를 이어서 잇사갈 사람 도도의 손자 부아의 아
들 돌라가 일어나서 이스라엘을 구원하니라. Judges 10:1

# 36. 야일

세상에 수많은
사람들이 있지만
많은 것이 문제가 아니다.
거룩한 사람들이 나와야 한다.

너의 숫자를
자랑하지 말라.
오늘도 세상은
사람들로 넘쳐난다.

생명이 태어나고
불꽃은 꺼져가고
명멸되는 역사로
지구는 가득하다.

양이 차야
질이 나오는 것인가?
질 속에
양이 녹아드는 것인가?

그것이라도 해야 한다.
자기의 자리에서 생명을 만들고

삶을 마쳐야 한다.

이야기를 만들어야 한다.
자신을 살펴
무엇을 하며 사는지,
어떻게 살아가는 지를 보아야 한다.

우리가 살고 있는
그 땅을 지켜야 한다.
그리하여 언제까지나
구원의 대열에 서야 한다.

그것이 그날까지
우리가 해야 할 일이다.
우리의 삶을 바쳐
하늘의 일을 해야 한다.

---

그 후에 길르앗 사람 야일이 일어나서 이십이 년 동안 이스라
엘의 사사가 되니라. Judges 10:4

# 37. 입 다

때를 기다린다.
지금은 너희들이 고개를 들라.
그때에는 내가
자리에 앉을 것이다.

사람을 함부로 보지 말라.
언제나 역사는 변하는 것.
언젠가 기회는
찾아올 것이다.

그때가 되면
차곡차곡 백지에 적어
가슴에 쌓은 한을
풀게 될 것이다.

그래야 공평하지 않은가?
그렇지 않으면
어디에 우리의 희망을
놓을 수 있겠는가?

우리가 여기에 있다.
한을 풀 수만 있다면

무엇이든 바칠 수 있다.
나는 눈물을 흘리지 않는다.

내 눈물을 거두어
소원의 병에 담을 것이다.
죽음으로
나의 원을 풀 것이다.

울지 말라.
우리는 이렇게 가는 것이다.
언제든 한 번은
가야 되지 않겠는가?

다만 네가 나보다
조금 먼저 가는 것이다.
네가 앞서 가서
나의 자리를 준비하는 것이다.

---

길르앗 사람 입다는 큰 용사였으니 기생이 길르앗에게서 낳은
아들이었고 Judges 11:1

# 38. 삼손

하늘의 명령이 내려왔다.
머리에 삭도를 대지 말라.
하늘이 주신 것을
함부로 자르지 말라.

외모를 치장하지 말라.
네 생각을 감추려
외양을 가리지 말라.
대신 마음을 가꾸라.

정신을 흐리게 하는
포도주와 독주를 금하라.
한 방울이라도
입에 대지 말라.

언제나 정신을 차려
네 마음과 영혼이
하늘을 향하게 하라.
너는 하늘에 바쳐진 사람이다.

한 줌의 호흡도
흐트러트리지 말고

한 숨의 시간도
그저 보내지 말라.

잡기에 몰두하지 말고
색기에 빠지지 말라.
명철을 상실하지 말고
정신을 놓치지 말라.

지혜의 칼을 갈아
날마다 그 위에 서라.
네 발을 금하여
헛된 것에 빠지지 말라.

너는 나실인이다.
하늘의 뜻을 섬기라.
그것을 위해 네가 세상에 왔고
그것을 위해 너의 삶을 바쳐야 한다.

---

보라 네가 임신하여 아들을 낳으리니 그의 머리에 삭도를 대
지 말라. 이 아이는 태에서 나옴으로부터 하나님께 바쳐진 나
실인이 됨이라. Judges 13:5

# 39. 기묘자

그렇게 여러 번 찾아왔어도
아직도 내 이름을 모르느냐?
내가 네 옆에 있다.
내가 너와 함께 있다.

수없이 내려오는
한 줄기 계시 속에서도
아직도 깨달음을
건지지 못했느냐?

마음을 비우고
나를 바라보라.
무형 속에서 드러나는
흘러가는 바람.

마음의 눈을 뜨라.
아무것도 보이지 않는
그곳을 넘어
제 3의 지대에 서라.

너희의 이해를 넘어서는 그곳에
내가 있으리니

말할 수 없는 그곳과
말이 끝난 그곳에 멈추어 서라.

귀 있는 자는
들을 것이요
눈 있는 자는
보게 될 것이니

아무것도 없고
모든 것이 사라진 그곳에서
새로운 역사가 시작되리라.

그것이 너의 희망이 되리라.
어둠 속에 솟아나는 절망의 탄원이
끝까지 놓치지 않는
기도가 되리라.

# 40. 여호와의 영

바람이 분다.
시원한 기운이다.
마음은 하늘을 나르고
영혼은 심연에 들어간다.

그를 따라 걷는다.
헤어진 옷을 갈아입고
더러운 신발을 벗어들고
길을 떠난다.

생명이 태어나고
하늘의 영이 내려오고
그것이 우리를
움직이기 시작한다.

그를 따라 걷는 것.
그것이 희망이다.
그 외에 무엇을
할 수가 있겠는가?

길을 걸을 때만이
나는 살아난다.

그와 함께
희망의 노래를 부른다.

하늘의 역사를 따라
길을 걸어야 한다.
아무도 알지 못하는
새로운 길을 걷는다.

그것으로 우리는
미래를 꿈꾸게 된다.
더 이상 이 세상에서
다른 일이 없다.

오늘도 바람이 분다.
우리는 그를 따라
삶의 궤도를 운행한다.
이렇게 시간을 살아내야 한다.

소라와 에스다올 사이 마하네단에서 여호와의 영이 그를 움직
이기 시작하셨더라. Judges 13:25

# 41. 강한 자

구하는 자가 먹을 것이요
강한 자가 얻을 것이다.
끝까지 물러서지 않는 자가
목표에 도달하는 것.

약함은 결코 자랑이 아니다.
악착같이 물고 넘어지는
끈질김이 있어야 한다.

있는 자는
더 받을 것이요
없는 자는 있는 것까지
빼앗기게 될 것이다.

이것이 완성에 이르는
진정한 수행의 원리인 것.
힘쓰는 만큼
얻게 되는 것이다.

너 자신을
아무에게나 맡기지 말라.
돌다리도 두드려보고 건너야 한다.

다리를 건너면
새로운 세계가 기다린다.
주저앉지 말고
물러서지 말라.

앞으로 나아가라.
쓰러지고 쓰러져도
다시 일어서
너의 길을 가라.

대신 갈 수 없고
아무나 건널 수 없는
하늘의 세계가 거기에 있다.
그때 고요히 눈을 감고 미소를 지으라.

# 42. 엔학고레

절대 포기하지 말라.
마지막 남은 희망을 버리지 말라.
막다른 골목에도 벗어날 길은 있으니
네가 하지 못하면 하늘이 하시리라.

때를 기다리라.
희망을 버리는 것은
너의 권한이 아니다.
우리는 단지 기도할 수 있을 뿐.

때로 넘어질 지라도
눈은 감지 말라.
죽음도 너를
이기지 못하게 하라.

외치는 자의 샘이여.
우리가 할 일이 바로 이것이다.
무덤 속에서
기도를 드리는 일.

그것이 우리를
일어서게 할 것이며

하늘의 문을
열게 할 것이다.

우리의 샘을 열어주소서!
기적을 믿지는 않지만
오늘 우리의 역사에는
그것이 필요하나이다.

우리의 손을 내려놓아
소원이 끝나버릴 때
우리의 마지막 숨을
놓아버릴 것이오니

그 전에 당신이 역사하소서!
이 땅에 다시금 혁명이 시작되어
역사의 반전이 일어나게 하소서!
닫힌 곳이 열려 샘물이 터지게 하소서!

---

하나님이 레히에서 한 우묵한 곳을 터뜨리시니 거기서 물이
솟아나오는지라. 삼손이 그것을 마시고 정신이 회복되어 소생
하니 그러므로 그 샘 이름을 엔학고레라 불렀으며 그 샘이 오
늘까지 레히에 있더라. Judges 15:19

## 43. 들릴라

사랑의 이름이 버림을 받았을 때
그는 피눈물을 흘렸다.
그리고 무덤에 들어가
사흘을 기다렸다.

끝까지 기다리면
열리게 될 것인가?
목이 터져라 소리를 지르면
응답이 내려올 것인가?

마지막 남은 비밀을 까발려
머리카락이 잘려졌다.
그는 그렇게 함으로
무엇을 얻고자 했던가?

자기의 뜻을 배신한다고
어리석은 겁박을 한다.
하늘의 뜻을 빙자하여
마지막 기회를 버렸다.

너무 말이 난무하여
그만 말을 하고 싶었다.

처음의 세계로 다시 돌아가
그 사랑을 하고 싶었다.

두 갈래의 길이
우리 앞에 놓여 있다.
누구는 천사로 살아나고
누구는 악녀로 멸망한다.

눈을 뜨고
가슴을 칠 일이다.
날마다 자신을 죽여
하늘의 뜻을 따라야 할 일이다.

부드러운 무릎을 베지 말고
돌베개를 베야 한다.
광야에 홀로 서서
무릎을 꿇어야 한다.

들릴라가 삼손에게 자기 무릎을 베고 자게하고 사람을 불러
그의 머리털 일곱 가닥을 밀고 괴롭게 하여 본즉 그의 힘이 없
어졌더라. Judges 16:19

# 44. 죽을 때

언젠가 한 번은
죽어야 하는 것.
후회함 없이 살다가
완성으로 마쳐야 한다.

살았을 때 쉬었던 숨을
끝 날에 완성해야 한다.
하늘 앞에 부끄럽지 않게
내가 죽어야 한다.

삶의 마지막이
가장 장렬해야 한다.
인생의 완성으로
죽음의 시작이 되어야 한다.

죽음으로
삶을 완성하는 것.
미련 없이
삶을 버리는 것.

그것이 내가 걸어야 할 길이요
하늘의 길이리라.

이것이 나에게 남은
마지막 선택이다.

살기보다 더 어려운 것이
마지막의 죽음이니
후회함도 없고
미련도 없어야 한다.

죽음은 새 삶의 시작이요
영원의 길을 떠나는 것이니
아무런 애착도 없어야 한다.

이제 나의 삶을 마치려하니
나에게 마지막 힘을 주소서!
다시 한 번만
기회를 허락하소서!

---

삼손이 이르되 블레셋 사람과 함께 죽기를 원하노라 하고 힘을 다하여 몸을 굽히매 그 집이 곧 무너져 그 안에 있는 모든 방백들과 온 백성에게 덮이니 삼손이 죽을 때에 죽인 자가 살았을 때에 죽인 자보다 더욱 많았더라. Judges 16:30

## 45. 한가

너희가 원하는 것이
바로 이것이었던가?
천년만년 배때기 두드리며
걱정 없이 사는 것.

이것을
자손대대로 물려주어
잘 먹고
잘 살아가는 것.

그렇게 살아서
무엇을 하겠다는 것인가?
그것이 삶에 대하여
무슨 의미가 있는 것인가?

영혼이 깨어
칼날 위에서 살지 않으면
언제 목이 날아갈 지
알지 못하는 것.

죄가 문에 엎드려
삼킬 자를 찾고 있으니

날마다 자기를 못 박아
무덤에 들어가야 한다.

그와 함께 죽음에 내려가
부활의 때를 기다려야 한다.
고난의 광야에서
기도를 드려야 한다.

그리고 마침내 그를 따라
하늘의 세계에 올라야 한다.
그 불을 가지고
다시 내려와야 한다.

그 불로 세상을 살라야 한다.
거룩한 불이 아니면 가슴에 품지 아니하고
하늘의 양식이 아니면 먹기를 거부한다.
이렇게 끝까지 진리의 길을 걸어야 한다.

단 자손이 미가가 만든 것과 그 제사장을 취하여 라이스에 이
르러 한가하고 걱정 없이 사는 백성을 만나 칼날로 그들을 치
며 그 성읍을 불사르되 Judges 18:27

# 46. 룻의 노래

저것을 넘어가야 한다.
국경을 넘고
민족을 넘어
하늘로 나아가야 한다.

언제까지 이곳에 있을 수만은 없다.
무언가 열어 나가야 한다.
한계를 넘고 경계를 넘어
역사를 일으켜야 한다.

여기에는 출구가 없다.
어둠의 순환 속에서
빠져나올 수가 없다.

그러니까 한 번은
끝장을 보아야 한다.
나를 던져
운명을 바꿔야 한다.

어차피 사는 것은 마찬가지다.
여기에서 죽으나
거기에서 마치나

똑같은 것이다.

다만 희망의 한 수를
거기에 놓는 것이다.
무슨 일이든
일으켜야 한다.

그래서 그것이 통한다면
새로운 역사를 이루는 것이며
역사의 흐름을 바꾸는 것이다.
한번은 시도해봐야 한다.

마음을 거두어
그를 따라야 한다.
그의 발치에라도 앉아
생명의 노래를 불러야 한다.

어머니께서 가시는 곳에 나도 가고 어머니께서 머무시는 곳에
서 나도 머물겠나이다. 어머니의 백성이 나의 백성이 되고 어
머니의 하나님이 나의 하나님이 되시리니 Ruth 1:16

# 3 장

# 기도의 사람

# 47. 사무엘

어둠을 걷고
새 시대를 열어야 한다.
지금 여기에서 내가 해야 할 일.
그것은 생명을 세우는 일이다.

내가 살아가는
한 가지 이유는
단지 그것 때문이다.
세상에 희망을 가져오는 일.

그 옛날,
하늘을 열어 불을 가져온
불굴의 프로메테우스처럼
오늘 하늘을 열 사람이 필요하다.

하늘의 불을 가져와
세상에 불을 붙일 사람.
그런 영혼이 태어날 조짐만 보여도
우리는 안도의 숨을 쉴 수가 있다.

우리가 하늘에 부르짖고
이렇게 기도를 드리는 것은

하늘이 그런 사람을
보내주기를 바람인 것.


우리가 뱉어야 할 숨을 쉬고
또 먹어야 할 양식을 먹는 것은
그 한 가지가 아직
남아있기 때문이다.


아이야,
너를 세상에 보낸다.
그것을 위해
나의 기도를 올린다.


네가 그것을 안다면
그리고 나의 사랑을 간직한다면
나의 남은 이 기도를
너도 함께 드려다오.

---

주의 여종의 고통을 돌보시고 나를 기억하사 주의 여종을 잊
지 아니하고 아들을 주시면 내가 그의 평생에 그를 여호와께
드리고 삭도를 그의 머리에 대지 아니하겠나이다. 1 Samuel 1:11

## 48. 한나의 노래

내 기도가
내 노래가 되었네.
그가 나를 잊지 않으시고
나를 돌보셨네.

내 태가 열려
생명이 나왔네.
하늘에서 떨어져
나에게 굴러왔네.

고이 간직하여
씨를 하라고
곱게 잘 길러
하늘에 드리라고.

아이를 밴 여인들은
복이 있다네.
그의 자궁을 빌어
생명이 흘러가네.

창조의 뜻을 따라
하늘의 반열에 드니

생명의 일에 참여하여
역사를 이루어 가네.

이어지고 이어져야
역사는 흘러가는 것.
우리가 드린 기도는
노래가 될 것이네.

그러하니 우리가 어찌
노래를 그칠 수 있는가?
어찌하여 생명의 역사를
멈추게 할 수가 있는가?

그저 하늘의 은혜에 감사하며
지금 여기에서 기도를 드리는 것.
노래를 부르고 춤을 추며
하늘의 역사에 맡기는 것.

내 마음이 여호와로 말미암아 즐거워하며 내 뿔이 여호와로
말미암아 높아졌으며 내 입이 내 원수들을 향하여 크게 열렸
으니 이는 내가 주의 구원으로 말미암아 기뻐함이니이다. 1
Samuel 2:1

## 49. 존중

심은 대로 거두고
뿌린 대로 싹이 난다.
지금 그대는
무엇을 살고 있는가?

건물은 높아지고
속도는 빨라지는데
의미는 사라지고
재미는 없어진다.

허공을 질주하면
공허만 남게 된다.
여기에서 무엇인가,
생명을 남겨야 한다.

노인이 살 수 없고
노인이 없는 나라.
수명대로 가지 못하고
젊어서 죽어야 한다.

생명의 존중이란
사라진지 오래이다.

파괴와 학살이
그의 이름이다.

희망이 사라지고
아이가 없는 나라.
나 혼자 살기도 어려워
아이를 기를 수 없다는 것이다.

가치와 보람은 없어지고
지금만 먹고 살면 된다.
그렇게 살다가
조용히 사라지는 것이겠지.

죽어야 살고
죽음을 이기는 나라.
죽음은 두려움이 아니고
삶의 완성인 것이거늘…

나를 존중히 여기는 자를 내가 존중히 여기고 나를 멸시하는
자를 내가 경멸하리라. 1 Samuel 2:30

# 50. 희귀

말은 있는 데
말씀은 없고
말씀은 있는데
진리는 없다.

찾고 찾으면
만나게 될 것인가?
끝이 없는 싸움은
오늘도 계속된다.

다 되었다고 할 때가
가장 위험한 것.
칼날을 벗어나면
죄가 엎드린다.

들어도 들리지 않고
읽어도 깨달음이 없는
황폐의 시대가 이어진다.
아무도 희망을 갖지 않는다.

사람은 있는데
인간은 없고

인간은 있는데
깨달음은 없다.

말씀이 없는데
하늘이 보일 리가 없다.
보이지 않으니
걸을 수도 없는 것.

어찌하여 이렇게
하늘이 닫혔는가?
걷는 것이 없으니
나갈 수도 없다.

새롭게 시작해야 한다.
하늘의 때를 기다리며
지금 기도를 드려야 한다.

---

아이 사무엘이 엘리 앞에서 여호와를 섬길 때에는 여호와의
말씀이 희귀하여 이상이 흔히 보이지 않았더라. 1 Samuel 3:1

## 51. 나타내심

말씀은
그의 몸이다.
그의 몸을 통해
진리가 드러난다.

태초부터 있었던
창조의 소리.
소리가 있을 때
생명이 시작된다.

하늘의 소리는
떨어지지 않는다.
있을 때 있어야 하고
내려올 때 내려와야 한다.

말이 하늘의 소리가 될 때
현실은 역사가 된다.
말하는 대로 된다면
무슨 말을 해야 하는 것일까?

무서운 일이다.
하늘의 역사를 모르고

파멸로 떨어지는 자들.
자기 무덤을 파고 있다.

하늘의 소리를 듣는
귀는 복이 있다.
그는 자기의 길에서 돌아와
하늘의 뜻을 따를 수 있으리라.

오늘도 준비된 자를 통해
하늘의 말씀이 내려온다.
앉아만 있어도
계시가 된다.

갈고 닦은 몸을 통해
빛은 드러나고
그의 노래는
하늘의 소리가 된다.

여호와께서 실로에서 다시 나타나시되 여호와의 말씀으로 사
무엘에게 자기를 나타내시니라. 1 Samuel 3:21

## 52. 이가봇

영혼 없는 자들이 모여
그들만의 총회를 하고 있다.
일말의 부끄럼도 없이
하늘을 가리고 있다.

정의의 법은
안중에도 없고
눈앞에 놓여있는
잿밥만 생각한다.

껍데기만 가져다 놓으면
기적이 일어날 것이라는
그럴 듯한 그릇에
속이 빈 인간들.

말을 섞고
얼굴을 마주칠 가치도 없지만
어찌하겠는가?
같은 하늘 아래에서 살고 있는 것을.

더 무서운 것은
그들이 모여 있다는 것이다.

그것이 그들의
존재의 이유라는 것이다.

역사가 그들에 의해 흘러간다.
하늘의 뜻과는 아무런 관계도 없이
역사가 진행되며
파괴가 자행된다.

영광을 떠나보내고
평화를 깨뜨리며
거룩한 외양으로
자리에 앉아 있다.

하늘은 움직이지 않고
노래만 공허하게 울린다.
그들이 드린 기도가 그대로
다시 땅으로 내려오고 있다.

영광이 이스라엘에서 떠났다 하고 아이 이름을 이가봇이라 하
였으니 하나님의 궤가 빼앗겼고 그의 시아버지와 남편이 죽었
기 때문이며 1 Samuel 4:21

## 53. 벤세메스

태양의 집으로 올라가야 한다.
그가 거기에서
나를 기다리고 있다.
나를 제물로 드려야 한다.

한 점 흐트러짐 없이
똑바로 가야 한다.
목표를 정하고
흔들리지 않아야 한다.

어차피 한 번은
가야 하는 것.
언제 가야할 것인가,
그것이 문제이다.

나를 위해 울지 말고
너 자신을 위해 울라.
나는 갈 길을 가는 것이지만
너는 어디로 갈 것인가?

때가 되면 누구나
혼자 가야 한다.

내가 거기까지
가줄 수는 없다.

거기에 도달하면
수레를 불태우라.
내 몸도 불태워
하늘로 날려 보내라.

언제까지 이것을
끌고 갈 수는 없다.
마지막이 올 때에는
바람처럼 흘러가야 한다.

껍질을 모시지 말고
정신을 모시라.
거기에서 무릎을 꿇지 말고
내 자리로 올라오라.

암소가 벧세메스 길로 바로 행하여 대로로 가며 갈 때에 울고
좌우로 치우치지 아니하였고 1 Samuel 6:12

# 54. 미스바

날마다 거기에서
회개를 선포하라.
하늘의 양식을 먹듯
일용할 양식을 먹으라.

두 손을 모아
거룩한 생수를 담으라.
너의 뱃속에서
그 생수가 넘치게 하라.

너의 눈을 들어
내면을 바라보라.
삶의 모든 근원이
여기에서 나오나니

먹고 또 먹으며
마시고 또 마셔야 하는
너의 밖에서
구원을 찾지 말라.

언제까지
거기에 머물겠느냐?

어느 때까지
손을 벌리고 있겠느냐?

너의 자리에서
나의 십자가를 지라,
너 자신을 죽여
하늘에 못 박으라.

그리하여
영광의 몸으로 돌아오라.
거기에서
나를 만나게 되리라.

내 앞에 무릎을 꿇는 곳.
거기가 너의 성소가 되리라.
이제 그만
너의 순례를 멈추라.

그들이 미스바에 모여 물을 길어 여호와 앞에 붓고 그 날 종일
금식하고 거기에서 이르되 우리가 여호와께 범죄하였나이다
하니라. 사무엘이 미스바에서 이스라엘 자손을 다스리니라. 1
Samuel 7:6

## 55. 에벤에셀

이제 그만
눈을 감겠습니다.
그리하여 이제
손을 내리겠습니다.

아무것도 바라지 않고
당신 앞에 앉아
하늘의 노래를 부르겠습니다.
여기까지 당신이 도우셨습니다.

이제는 당신께로
돌아가야 합니다.
그만 길을 걷겠습니다.
그만 일을 멈추겠습니다.

그저 당신과 함께
자리에 앉겠습니다.
당신이 마신 숨을
나도 마시겠습니다.

이제 더 이상
꿈을 꾸지 않겠습니다.

마음의 소원도 버리겠습니다.
당신과 하나가 되겠습니다.

당신이 가신 길을 따르겠습니다.
당신의 뒤를 따라
아무런 지팡이도 없이
홀로 길을 걷겠습니다.

가다가 못가면
하루를 더 머물며
언제나 하늘을 바라보겠습니다.
거기를 나의 안식처로 삼겠습니다.

순간이 영원이 되며
하루가 천년이 되는
그곳이 내가 떠나온 곳이며
그곳이 내가 돌아갈 곳입니다.

---

사무엘이 돌을 취하여 미스바와 센 사이에 세워 이르되 여호
와께서 여기까지 우리를 도우셨다 하고 그 이름을 에벤에셀이
라 하니라. 1 Samuel 7:12

# 56. 왕도

너희는 보이는 왕을 찾지만
나는 보이지 않는 왕을 찾는다.
보이는 게 전부가 아니다.
보이지 않는 세계가 더 광대한 법.

너희는 세상의 왕을 구하지만
나는 하늘의 왕을 구한다.
세상은 순간이지만
하늘은 영원하다.

너희는 높은 왕을 찾지만
나는 낮은 왕을 찾는다.
섬김이 있는 곳에
영광이 있을 것.

왕의 길이 있고
노예의 길이 있다.
왕은 하늘을 바라보지만
노예는 왕의 손을 바라본다.

누가 너를 다스리며
누가 너의 왕이 될 것인가?

너는 누구를 따라
너의 삶을 경영할 것인가?

먼저 너의 삶을 다스리라.
자기를 다스리는 자가
자신의 왕이 될 것이다.

너희가 찾는 왕이
너희를 다스리리라.
너희가 세운 왕이
너희의 삶을 결정하리라.

왕이 필요하다면
왕이 없는 듯 살아라.
함부로 높은 자리에 앉지 말라.
많이 맡은 자에게는 많이 찾을 것이다.

여호와께서 사무엘에게 이르시되 백성이 네게 한 말을 다 들
으라. 이는 그들이 너를 버림이 아니요 나를 버려 자기들의 왕
이 되지 못하게 함이니라. 1 Samuel 8:7

# 57. 잃어버린 나귀

잃어버린 나귀를 찾아오라.
정성을 들여 찾다보면
뜻하지 않은 곳에서
너의 보물을 찾으리라.

잃어버린 시간을 찾으라.
너의 가장 귀한 보물이
너에게 주어진
한 줌의 시간일 것이니

우리는 모두
잃어버린 것을 찾아가는
시간 여행의 길을
걷고 있는 것이다.

순간을 놓치지 말고
찰나에 방심하지 말라.
마음을 놓치면
천 길로 떨어지리니

마침내 그것을 찾으면
두 손으로 고이 받들어

나의 하늘로 올리우라.
내가 그 향기를 맡으리라.

내가 거기에서
너희를 기다리리라.
너의 삶을 다 이룬 곳에서
생명의 열매를 맺으리라.

인생의 겨울이 오기 전에
거기에서 나를 만나리라.
내가 너를 높여 주리라.

빈 걸망을 내려놓고
아무것도 남아있지 않는
영원의 하늘로 돌아가
모든 것을 내려놓으리라.

사울의 아버지 기스가 암나귀들을 잃고 그의 아들 사울에게
이르되 너는 일어나 한 사환을 데리고 가서 암나귀들을 찾으
라. 1 Samuel 9:3

# 58. 선견자

보이는 눈이 아니라
마음의 눈으로 보라.
마음의 눈을 뜨고
역사의 진실을 보라.

통찰력을 기르라.
세상이 어떻게 흘러갈지 알아야
하늘의 뜻을 전할 수 있으리라.

파도를 보지 말고
바람을 보라.
사건을 보지 말고
시대를 보라.

구름을 보지 말고
하늘을 보라.
눈비를 보지 말고
원인을 보라.

가랑잎을 보지 말고
나무 자체를 보라.
대지에 든든히 서서

눈을 하늘로 향하라.

눈을 감지 말라.
현실을 외면하지 말라.
하늘로 도피하지 말라.
언제나 눈을 뜨라.

이것이 그러한가?
어떻게 시작되었는가?
어디로 가야 하는가?
무엇을 해야 하는가?

궁구하지 않으면
얻을 수 없으리니
구하는 자가 얻을 것이요
찾는 자가 찾을 것이다.

옛적 이스라엘에 사람이 하나님께 가서 물으려 하면 말하기를
선견자에게로 가자 하였으니 지금 선지자라 하는 자를 옛적에
는 선견자라 하였더라. 1 Samuel 9:9

# 59. 새 사람

내가 거룩한 기름을 부을 때
하늘의 영이 임하리라.
그때 너는 새 사람이 되리라.

허물을 벗고 나비가 되듯
낡은 옷을 벗고
새 옷을 입으리라.

하늘의 바람을 따라
자유의 세계를 날아올라
아무도 보지 못한
끝을 보게 되리라.

아무도 알 수 없는
새 날이 시작되리라.
그것을 위해
그의 뜻을 이루기 위해

하늘의 능력을 얻으리라.
역사의 통찰력을 가지고
겸손한 마음으로
하늘의 뜻을 펼치리라.

누구나 기다리고
누구나 기대하는
깨달음을 얻으리라.
새로운 힘을 얻으리라.

자리를 떨치고 일어나
생명을 구원하리라.
새로운 역사를
펼치게 되리라.

날마다 죽고
날마다 다시 사는
그 세계를 경험하리라.
하늘의 역사를 쓰게 되리라.

네게는 여호와의 영이 크게 임하리니 너는 그들과 함께 예언
을 하고 변하여 새 사람이 되리라. 1 Samuel 10:6

# 60. 새 마음

당신의 마음을 주소서!
끝이 없는 마음.
하늘까지 닿는 마음.
자신을 모두 주는 마음.

끝에 닿으려면
먼저 마음이 닿아야 하느니
마음 없이 되는 일이
세상에 있었던가?

하늘까지 오르려면
시간을 바쳐야 한다.
주는 것 없이
얻을 수 없다.

자신을 모두 주려면
남김없이
아낌없이
후하게 해야 한다.

그래야 역사가 일어나는 것.
거기에서 감동의 눈물이 흐르는 것.

그 눈물 속에서
사랑의 싹이 튼다.

먼저 마음을 녹여야 한다.
물을 부으려면
그릇을 비워야 한다.
그렇지 않으면 모두 버리게 된다.

무엇보다 먼저
마음을 준비해야 한다.
마음이 가는 것에
손발도 따라 간다.

이것을 알면
하늘이 열릴 것이니
하늘이 열리면
모든 것이 열리게 될 것이다.

그가 사무엘에게서 떠나려고 몸을 돌이킬 때에 하나님이 새
마음을 주셨고 그 날 그 징조도 다 응하니라. 1 Samuel 10:9

# 61. 불량배

무엇이 살 길인지,
아무런 개념이 없다.
무슨 말을 해야 할지,
아무런 생각도 없다.

지금 무슨 말을 하고 있는지,
그것이 어떤 결과를 가져올지,
일말의 부끄러움도
조그만 통찰도 없다.

어디로 가야 할지,
삶의 방향도 없고
무엇을 해야 할지,
생의 목표도 없다.

참 가치라는 것은
처음부터 안중에도 없다.
그것이 밥 먹여주는 것이더냐?
그것이 한 자리 차지하는 것이더냐?

배신의 사람을 심판하고
진실한 사람을 선택해 달라.

패거리 파당을 조성하여
끝까지 밀고 가려한다.

상황에 따라 말을 둘러대고
손바닥 뒤집듯 말을 바꾼다.
삶이란 너무 쉽고
정의도 필요 없다.

하늘 높은 줄 모르고 설치며
바다 깊은 줄 모르고 우쭐댄다.
아무런 내공도 없이
높은 것을 좋아한다.

한 번 자리에 앉으면
일어날 줄을 모르고
욕망을 채우기 위한 것이라면
수단과 방법을 가리지 않는다.

어떤 불량배는 이르되 이 사람이 어떻게 우리를 구원하겠냐
하고 멸시하며 예물을 바치지 아니하였으나 그는 잠잠 하였더
라. 1 Samuel 10:27

# 62. 여호와의 두려움

당신의 임재에 젖어
나의 무릎을 꿇습니다.
나는 아무런 말도 할 수가 없고
조그만 미동도 할 수가 없습니다.

나는 발 밑의 먼지요
세상의 티끌입니다.
그저 당신의 인도에 따라
한 걸음씩 걸어갈 수 있을 뿐.

그리하여 당신의 빛 앞에
우리도 빛이 되어
조금씩 올라가는 것일 뿐.

생명을 태우며 흘러가는 유성처럼
순간에서 영원으로 들어가는
한 점의 가느다란 호흡일 뿐.

그것을 알기에
다만 노래를 부르며
한 마디 기도를
드릴 수 있을 뿐.

당신의 숨결로 나를 채우시고
당신의 눈물로 나를 적시소서!
지금의 나는 당신 앞에 없음이오니
당신으로 나를 충만케 하소서!

그것을 잃어버리지 않기 위해
오늘도 당신의 자리로
이렇게 한걸음씩 나아가고 있사오니
이것을 언제까지나 반복할 수 있을 뿐.

나를 살피소서!
당신을 향해
마지막 그곳까지
생명의 길을 걷게 하소서!

---

한 겨리의 소를 잡아 각을 뜨고 전령들의 손으로 그것을 이스
라엘 모든 지역에 두루 보내어 이르되 누구든지 나와서 사울
과 사무엘을 따르지 아니하면 그의 소들도 이와 같이 하리라
하였더니 여호와의 두려움이 백성에게 임하매 그들이 한 사람
같이 나온지라. 1 Samuel 11:7

# 63. 이 날에는

그가 구원을 베풀지 아니하면
우리는 하늘로 올라갈 수 없다.
이것이 그의 구원임을 기억한다면
무엇이든 마음대로 할 수가 없는 것.

오늘은 그만하자.
피를 흘리지 말자.
우리가 여기까지 오는 것도
그의 사랑 없이는 불가능한 것이다.

그의 은혜임을 기억하자.
그리고 오늘은
아무 말도 하지 말자.
우리의 힘을 자랑하지 말자.

삶이 고통임을 안다면
서로의 같은 처지인 것이기에
조금의 동정을 느낄 수 있을 것이며
타인을 그렇게 쉽게 정죄할 수는 없다.

싫어하는 것을 해야 하고
사랑하는 것과 떨어져야 하며

바라고 원하는 것을
얻지 못함이 고통이니

고통의 사람들은
무언가 되기를 원하고
어딘가 가기를 바라며
무엇을 얻기를 갈망한다.

세상은 변하는 것이다.
세상은 변하는 것에 좌우된다.
늘 무언가 다른 것이 되려고 결정한다.
하여 변화할 때만이 사람은 행복해진다.

허나 변화는
어렵고 두려운 것이고
이것  때문에 사람들은
자기 자리에 고착하는 것이다.

사울이 이르되 이 날에는 사람을 죽이지 못하리니 여호와께서
오늘 이스라엘 중에 구원을 베푸셨음이니라. 1 Samuel 11:13

## 64. 망령

모든 것은
자기의 책임이다.
자기의 삶은
자기가 심는 것.

하늘 위에서
거저 떨어지는 것은 없고
심지 않은 데서
거두는 법은 없다.

하늘에게는
급한 것이 없다.
때가 되면
길이 열릴 것이다.

하여 너 혼자
서두를 것이 없다.
그렇게 해서
되는 법이 없다.

바람이 불면
멈출 때를 기다리고

비가 내리면
뚜껑을 열면 된다.

무엇이든
때가 있는 법이다.
가만히 앉아서
하늘을 바라보라.

무엇이 오고 있으며
무엇이 가고 있는가?
그것을 기다리지 못해
시기를 그르친다.

선을 넘지 말라.
본분을 잊지 말라.
과도하게 움켜쥐지 말라.
네 맘대로 하려 하지 말라.

---

왕이 망령되이 행하였도다. 왕이 왕의 하나님 여호와의 명령을
지키지 아니하였도다. 그리하였더라면 여호와께서 이스라엘
위에 왕의 나라를 영원히 세우셨을 것이거늘 1 Samuel 13:13

# 65. 요나단

아무것도 보이지 않는 어둠 속에서
앞으로 나가는 사람.
끝까지 위로 올라가는 사람.
그를 통해서 역사가 일어난다.

거기에서
희망의 빛이 시작된다.
한 처음에도 세상은
그렇게 시작되었다.

믿음의 그 사람으로 인해
기적의 역사가 일어나며
꿈틀대는 그 몸짓으로
생명이 살아나게 된다.

그래서 우리는 하늘을 우러르며
마지막 남은 숨을 모아
기도를 드리는 것이다.
그것이라도 해야 된다.

살아있어야 된다.
살아있기만 하면 된다.

얼굴을 돌리며
눈을 감지 않아야 한다.

무엇인가 해야 된다.
절망과 한숨을 거두어
산 같은 파도 속에서라도
날개 짓을 퍼득여야 한다.

그 몸짓이 언젠가 태풍을 일으켜
천지가 개벽된다는 희망을 가지고
어둠의 자리에서
일어나야 한다.

그렇지 않다 하더라고
다만 그런 몸짓이 있었다는 것만으로
우리는 희미한 웃음을 지으며
하늘로 돌아갈 수 있으리라.

요나단이 자기의 무기를 든 소년에게 이르되 우리가 이 할례
받지 않은 자들에게로 건너가자. 여호와께서 우리를 위하여 일
하실까 하노라. 여호와의 구원은 사람이 많고 적음에 달리지
아니하였느니라. 1 Samuel 14:6

# 66. 떨림


그가 일으키실 것이다.
그가 역사하실 것이다.
그가 하시면
아무도 막지 못할 것이다.

그가 터트릴 것이다.
그가 가두고 막으면
마침내 때가 될 것이다.
무엇도 거스를 수 없을 것이다.

우리는 다만
그를 바라볼 뿐이다.
그가 하실 때를
기다릴 뿐이다.

그저 우리는
할 수 있는 것을 할 뿐이다.
그가 하시도록
기도를 올릴 뿐이다.

그가 흔들면
모두가 무너질 것이다.

그리고 새롭게
다시 세워질 것이다.

그것이 우리의 희망이다.
그것이 우리의 바람이다.
그래서 마침내
새로운 나라가 임할 것이다.

낮은 자가 높아질 것이고
높은 자가 낮아질 것이다.
그래서 평등한 나라가
이루어질 것이다.

서로가 서로를 존중하는
공평한 세상이 될 것이다.
강한 자가 오히려
섬김의 자리로 들어갈 것이다.

들에 있는 진영과 모든 백성들이 공포에 떨었고 부대와 노략
꾼들도 떨었으며 땅도 진동하였으니 이는 큰 떨림이었더라. 1
Samuel 14:15

# 67. 곤란

자신의 뜻인지,
하늘의 뜻인지를 분별해야 한다.
자신의 뜻을
하늘의 뜻으로 빙자하지 말라.

억지로 한다고
되는 것이 아니다.
먹을 때는 먹어야 하고
금할 때는 금해야 한다.

먹이를 먹는 소에게
망을 씌우지 말라.
자기가 먹을 것은
자기가 가져야 하는 것.

일을 시켜도
먹을 것을 주어야 하며
싸움을 시켜도
쉴 시간을 주어야 한다.

싸움에 지더라도
일용할 양식은 빼앗지 말라.

너는 굶더라도
일꾼에게는 먹을 것을 주라.

마지막 물러갈 곳은
범하지 말라.
그 한 몸을 누일
자리는 만들어 주라.

한 조각 남은
그 빵은 빼앗지 말라.
밤새워 덮을
그 옷은 가져가지 말라.

그가 울부짖으면
하늘이 닫힐 것이고
모두 다 어둠 속에서
슬피 울며 이를 갈게 되리라.

요나단이 이르되 내 아버지께서 이 땅을 곤란하게 하셨도다.
보라 내가 이 꿀 조금을 맛보고도 내 눈이 이렇게 밝아졌거늘 1
Samuel 14:29

# 68. 동역

당신을 따라
당신과 함께
당신과 하나 되어
살아가기를 원합니다.

당신 앞에 앉아
당신의 임재 속에
당신의 손을 잡고
걸어가기를 원합니다.

목마른 광야와
끝없는 순례길도
당신과 함께라면
신비의 길이오니

매일 새로움을 창조하며
생명의 노래를 부름이
내가 존재하는 목적이요
하루를 살아가는 이유입니다.

그것이 아니라면
삶의 기쁨이 무엇이며

세상에서 더 이상 바랄 것이
무엇이 있습니까?

아무것도 바라지 않습니다.
아무런 원함도 없습니다.
그저 당신의 신성 안에
영원을 살아가는 것입니다.

그 안에 무슨 두려움이 있으며
그것 외에 무슨 소원이 있겠습니까?
당신이 나의 전부이며
당신이 나의 삶입니다.

당신의 자리에 앉아
오늘도 당신을 바라봅니다.
나에게로 오사
당신의 일을 보이소서!

백성이 사울에게 말하되 이스라엘에 이 큰 구원을 이룬 요나
단이 죽겠나이까? 여호와의 살아계심을 두고 맹세하옵나니 결
단코 그렇지 아니하니이다. 그의 머리털 하나도 땅에 떨어지지
아니할 것은 그가 오늘 하나님과 동역하였음이니다. 1 Samuel
14:45

# 69. 후회

본 것밖에
할 수 없으니
무엇을 보았느냐,
그것이 문제이다.

그 이상 올라갈 수 없고
그 외에 할 수 있는 것이 없다.
그것을 알지 못하고 있으니
무엇을 해야 하겠는가?

비극은 거기에서 시작된다.
그들은 그렇게
밖으로 나오면
안 되는 것이었다.

무덤에 들어가
사흘을 지나야 했다.
어둠의 옷을 벗어야
나비가 되는 것이다.

아직은 때가 아니다.
때가 되기 전에

나르려 하는 것.
그 전에 나오는 것이 잘못이다.

해야 할 것을 모르고
하지 않아야 될 것을 하고 있으니
앞뒤를 모르고
거짓으로 살아간다.

본 것을 할 수밖에 없고
들은 것을 말하는 것이니
날마다 무엇을
들어야 하겠느냐?

아무 것이나 볼 수 없고
아무 소리나 들을 수 없다.
그래서 우리는 날마다
마음을 씻어야 한다.

내가 사울을 왕으로 세운 것을 후회하노니 그가 돌이켜 나를
따르지 아니하며 내 명령을 행하지 아니하였음이라. 사무엘이
근심하여 온 밤을 여호와께 부르짖으니라. 1 Samuel 15:11

## 70. 기념비


자기를 들어내고
업적을 자랑하는
거기에서부터
몰락이 시작된다.

인간의 자랑이
하루의 아침이니
무엇을 믿으며
무엇을 하겠느냐?

세상의 명예가
무엇을 나타내는가?
너를 자랑하지 말고
하늘의 길을 걸어가라.

순간을 영원으로 만들어
거기에서 영원히 살겠느냐?
다만 세상은
스쳐지나가는 유성일 뿐.

그러하니
우상을 따르지 말고

헛된 일을
추구하지 말라.

칭송에 속지 말고
아첨을 바라지 말라.
가장 살가운 그들에게
피눈물을 흘리게 되리라.

자기를 자랑하고
세상을 붙들며
무엇을 하는 지도 모르는
불쌍한 영혼들.

그저 우리는
진리를 바라보며
오늘 하루의 길을
걸어가는 것이다.

사무엘이 사울을 만나려고 아침 일찍 일어났더니 어떤 사람이
사무엘에게 말하여 이르되 사울이 갈멜에 이르러 자기를 위하
여 기념비를 세우고 발길을 돌려 길갈로 내려갔다 하는지라. 1
Samuel 15:12

# 71. 작게

스스로 낮게 여기라.
원래 땅에서 왔다가
땅으로 돌아가는 것이니
하늘 아래 무엇이 높겠느냐?

스스로 작게 여기라.
무에서 시작하여
무로 돌아가는 것이니
무엇을 자랑할 수 있으리요?

그러나 너의 눈만은
언제나 높은 곳을 향해야 한다.
하늘을 향해 나아가지 않는다면
너의 자리에서 성을 쌓게 될 것이니

마음을 넓게 가지라.
너의 창조자가
우주를 지으셨고
너의 성전이 거기인 것이니

너를 낮추면
하늘이 높여주실 것이요

스스로 작게 여기면
하늘이 키워주시리라.

처음 마음을 잃지 않고
끝까지 걸어가는 것.
성공의 완성이
거기에 있으리니

아이야, 그 길을 가자.
막힘도 없고
실패도 없는
거기가 우리의 목표인 것이다.

꼬리를 잡으라.
꼬리가 머리가 될 것이요
머리를 잡으라.
머리가 꼬리가 될 것이다.

사무엘이 이르되 왕이 스스로 작게 여길 그 때에 이스라엘 지
파의 머리가 되지 아니하셨나이까? 1 Samuel 15:17

# 72. 당신의 하나님

당신의 하나님은 어디에 있습니까?
나의 하나님은 여기에 있습니다.
그들은 광야를 좋아하지 않습니다.
그들은 먼저 배가 불러야 합니다.

나의 하나님은
가장 좋은 것을 드리는 그곳에서
그 향기를 흠향하실 것입니다.
그분도 그것을 좋아하실 것입니다.

잡을 수 있을 때 잡아야 되고
먹을 수 있을 때 먹어야 됩니다.
그 시간이 지나면
아무도 당신을 기억하지 않습니다.

살진 고기는 먹어야 합니다.
그것을 버릴 수는 없지 않습니까?
한 점 잘라서 잡숴보세요.
있을 때 먹어 둬야 합니다.

언제 이런 것을 먹을 수 있을지,
아무도 모르는 것입니다.

# 4 장

기회는 머리가 없다고 했습니다.
한번 지나가면 잡을 수가 없지요.

내 백성을 먹여야 합니다.
나에게는 그 책임이 있습니다.
당신은 당신의 하나님이 최고겠지만
나에게는 나의 백성이 최고입니다.

나의 하나님은 이 백성입니다.
그들이 입을 벌리고 아우성을 치고 있습니다.
먹을 것이 없으면 그들은 돌을 던져
나를 치려고 할 것입니다.

정치란 이런 것입니다.
먹을 것을 주는 것.
먹을 것만 생각하게 하는 것.
당신도 이 정도는 알아두어야 할 것입니다.

다만 백성이 그 마땅히 멸할 것 중에서 가장 좋은 것으로 길갈
에서 당신의 하나님 여호와께 제사하려고 양과 소를 끌어 왔
나이다 하는지라. 1 Samuel 15:21

# 지혜의 사람

# 73. 순종

그가 나를 부르시면
앞으로 나아가리라.
그를 따라 어디든지
하늘까지 걸으리라.

그가 입을 열어 말하시면
귀 기울여 들으리라.
나의 마음을 모아
눈을 밝게 뜨리라.

그가 앉으시면
나도 그 앞에 앉으리라.
그의 눈을 바라보며
사랑을 전하리라.

아무것도 하지 않고
침묵으로 들어가서
그와 함께 영원히
하나가 되리라.

그가 하라시면 무엇이든
최선을 다하리라.

진심으로 뜻을 모아
기쁨으로 따르리라.

그가 원하시는 것을
가장 먼저 행하리라.
그의 마음의 소원을
내 것으로 삼으리라.

날마다 나는 죽고
그만 살게 되리라.
내가 사는 것이 아니고
내 안에서 그가 살리라.

그와 합일되어 한 길을 걸으리라.
그 안에 내가 살리라.
아무도 그와 나를
구별하지 못하리라.

여호와께서 번제와 다른 제사를 그의 목소리를 청종하는 것을
좋아하심 같이 좋아하시겠나이까? 순종이 제사보다 낫고 듣는
것이 숫양의 기름보다 나으니 1 Samuel 15:22

## 74. 버 림

내가 당신을 버렸습니다.
내가 너무나 급했습니다.
내가 붙잡아야 될 것이
그것인줄 알았습니다.

내가 덜 되었습니다.
내가 선을 넘었습니다.
내가 그렇게 해도
될 줄 알았습니다.

내가 처음을 잊었습니다.
나의 자리를 망각했습니다.
내가 있어야 할 곳을
잠간 잃어버렸습니다.

내가 앞서 갔습니다.
내가 기다리지 못했습니다.
행위보다 중요한 것이
믿음임을 알지 못했습니다.

내가 나의 주인인 줄 알았습니다.
무엇을 해도

이기면 되는 줄 알았습니다.
책임만 지면 될 줄 알았습니다.

많이 맡은 자에게는
많이 달라하실 것인데
무조건 많이 가지면
최고인줄 알았습니다.

한 사람이 천하보다 귀하고
그의 믿음으로
역사가 일어난다는 것을
놓치고 있었습니다.

다시 돌아갈 수 없을까요?
새로 시작하면 안 될까요?
다시 돌이킬 수 없을까요?
이대로 끝나버리는 것일까요?

---

이는 거역하는 것은 점치는 죄와 같고 완고한 것은 사신 우상
에게 절하는 죄와 같음이라. 왕이 여호와의 말씀을 버렸으므로
여호와께서 왕을 버려 왕이 되지 못하게 하셨나이다. 1 Samuel
15:23

# 75. 찢어짐

옷자락이라도 붙잡고 싶었다.
다시 시작하고 싶었다.
그대로 끝나기는 싫었다.
새로운 기회를 얻고 싶었다.

내가 그렇게 잘못한 것인가?
그때는 그렇게 할 수밖에 없었다.
그렇게 하지 않으면
우리는 궤멸했을 것이다.

사기는 땅에 떨어지고
백성들은 흩어지고
나는 무엇이든 해야 했다.
그것은 마지막 몸짓이었다.

막다른 골목에 도달하면
무엇이든 못하겠는가?
아무것도 하지 않으면
삶을 포기한 것이리라.

그렇게 돌아서면
안 되는 것이었다.

적어도 난 이 땅의
왕이지 않은가?

그가 나를 세웠지만
이젠 그가 나를 따라야 한다.
그렇지 않으면 백성들도
나를 따르지 않을 것이다.

그렇게 갈 수는 없다.
그에게도 책임이 있다.
우리는 같은 배를 탄
운명의 공동체이다.

우리는 이렇게 찢어져야 할까?
찢어지는 것이 좋을 것일까?
서로의 길을 가야 하는 것일까?
결국 삶이란 선택의 연속일 것이다.

---

사무엘이 가려고 돌아설 때에 사울이 그의 겉옷자락을 붙잡으
매 찢어진지라. 1 Samuel 15:27

# 76. 지존자

그가 거기에 계셨습니다.
언제나 변함이 없이
거기에서 나를
기다리고 계셨습니다.

나는 거기에서
그를 만났습니다.
그 앞에 무릎을 꿇고
감동의 눈물을 흘렸습니다.

세상의 수고와 욕망이
모두 한 줌의 먼지였습니다.
거기에서 나는
살아가고 있었습니다.

재가 날라 오면
두 눈을 감았고
마음의 상처에 피를 흘리며
두려움과 불안으로 살았습니다.

서로를 향해 손가락질 하며
비교심의 귀신에 사로잡혀

날마다 성공을 향해
기원을 드렸습니다.

광야에서 홀로
고독과 함께 있기 싫어
군중 속의 평안을
즐기고 있었습니다.

거기에서 그를 만났을 때
내가 바로 지존자가 되었습니다.
내가 바로 우주의 먼지요
우주가 바로 나였습니다.

이제는 그가
내안으로 들어 오셨습니다.
하여 지금은 그가
내 안에 계시게 되었습니다.

---

이스라엘의 지존자는 거짓이나 변개함이 없으시니 그는 사람
이 아니시므로 결코 변개하지 않으심이니이다. 1 Samuel 15:29

# 77. 자기의 길

사람은 각자
자기의 길을 간다.
더 이상의 길도 없고
더 이하의 길도 없다.

우리의 길도 없고
함께의 길도 없다.
단지 자기만의 길이 있을 뿐.
모두가 주어진 길을 걸어간다.

다만 끝까지
자기의 길을 가야 한다.
그 길을 놓치지 않고
멈추지 않아야 한다.

이렇게 자기의 길을 가다보면
언젠가 마침내
완성을 이루게 될
마지막이 나올 것이다.

거기에서 우리는
자기만의 웃음을 지으며

자기가 떠나왔던
하늘로 돌아갈 것이다.

남이 가는 길을
쳐다볼 필요가 없다.
다른 사람이 가는 길을
따라갈 이유가 없다.

자기만의 길을 생각하며
자기가 걸어야 할
그 길을 걸어가는 것이다.
끝까지 놓치지 않아야 한다.

이쯤해서
각자의 길을 가도록 하자.
아무런 미련 없이
자기의 길을 가도록 하자.

이에 사무엘은 라마로 가고 사울은 사울 기브아 자기의 집으
로 올라 가니라. 1 Samuel 15:34

## 78. 평강

자리에 앉으니
노래가 나온다.
영원을 향하니
평화가 흐른다.

거센 파도를 제치고
앞으로 나아가듯
언제나 눈은
하늘로 향한다.

그가 거기에 계시니
하늘까지 올라가야 한다.
언제나 명료해야 한다.

그가 존재의 근원이니
영원까지 들어가야 한다.
끝이 없어야 한다.

그 안에 모든 것이 있으니
우주처럼 마음을 열어야 한다.
모든 것을 품어야 한다.

그가 그렇게 계시니
태산처럼 든든히
흔들리지 않아야 한다.
눈썹도 떨리지 않아야 한다.

이렇게 끝까지
평정을 유지해야 한다.
생명의 완성을
이루어야 한다.

이것이 우리에게 주어진
마지막 임무이다.
이것이 이 땅에 존재하는
최후의 호흡이다.

사무엘이 여호와 말씀대로 행하여 베들레헴에 이르매 성읍 장
로들이 떨며 그를 영접하여 이르되 평강을 위하여 오시나이
까? 1 Samuel 16:4

# 79. 중심

존재를 존재하게 하는
그 원인을 본다.
그 원인이 없이
존재한 적이 있었던가?

빛이 존재하게 하는
그 태양을 본다.
눈으로 태양은 볼 수 없으되
그 빛으로 존재가 드러나는 것.

아름다움을 존재하게 하는
그 마음을 본다.
그 마음이 없다면
아름다움이 무슨 가치가 있겠는가?

아름다움은 마음으로 존재한다.
내가 그에게 마음을 주었기에
그는 나에게
존재로 오는 것이다.

그는 그 마음을 보았다.
존재의 원인이며

행동의 동인이
그 중심에 있었다.

그것을 보지 못한다면
삶이란 도대체 무엇이겠는가?
하여 우리는 언제나
그의 눈을 가져야 한다.

사물을 꿰뚫어 기운을 움직이는
역사의 동인을 간파해야 한다.
그것을 위해 우리는
지금을 살아가는 것이다

그 앞에 똑바로 서야 한다.
언제나 그를 바라보며
그의 뜻을 따라
걸음을 옮겨야 한다.

---

여호와께서 사무엘에게 이르시되 그의 용모와 키를 보지 말라.
내가 이미 그를 버렸노라. 내가 보는 것은 사람과 같지 아니
하니 사람은 외모를 보거니와 나 여호와는 중심을 보느니라. 1
Samuel 16:7

## 80. 노래

태초에 노래가 있었다.
노래는 소리였고
노래는 선물이었으며
노래는 창조자 자신이었다.

노래를 부르면 창조가 일어났다.
노래하는 그대로 모든 것이 있게 되었다.
있으라 노래하면 있게 되었고
없으라 노래하면 없게 되었다.

노래는 통로였다.
노래를 부르면
그것은 어느 날
그대로 현실이 되었다.

마음에서 노래가 나왔다.
마음은 노래가 되었다.
악한 자가 선한 노래를 부를 수 없었고
선한 자가 악한 노래를 부를 수 없었다.

입을 연다고 다 노래가 아니었고
소리를 지른다고 다 음악이 아니었다.

지고의 사랑을 가질 때
그것이 영혼의 노래가 되었다.

노래는 치유를 일으켰다.
노래는 악신을 물리쳤다.
노래는 하늘을 열었으며
천상의 소리를 듣게 했다.

노래를 부를 때
두려움이 물러가고
어둠이 사라졌으며
상처가 아물게 되었다.

그대의 노래가 창조를 일으키는가?
그대의 노래가 치유를 가져오는가?
이렇게 노래하는 자는 복이 있나니
하늘의 소리를 말하게 될 것이다.

---

하나님께서 부리시는 악령이 사울에게 이를 때에 다윗이 수금
을 들고 와서 손으로 탄즉 사울이 상쾌하여 낫고 악령이 그에
게서 떠나더라. 1 Samuel 16:23

# 81. 하나님의 이름

나의 이름이 아닌
그의 이름으로 갑니다.
가난은 나의 사랑이니
나는 마음이 가난한 자입니다.

나의 자랑이 아닌
그의 자랑을 합니다.
온유가 나의 자랑이니
나는 마음이 온유한 자입니다.

그 이름 속에 들어있는
하늘의 뜻을 생각합니다.
자비가 나의 어머니이니
나는 마음이 슬픈 자입니다.

억지의 평화가 아닌
진정한 평화를 원합니다.
평화가 나의 마음이니
나는 평화의 일꾼입니다.

하늘의 이름을 따릅니다.
생명의 이름을 부릅니다.

그 이름이 나의 힘이요
그 이름이 나의 자랑입니다.

어둠을 물리치고
창조의 빛을 비추니
그 구원의 이름이
역사의 근원입니다.

두려움을 이기고
역사 앞에 바로 서니
당신의 이름이
나의 능력입니다.

모두가 엎드려
아무도 나가지 않을 때
그 앞에 담대히 서는 한 사람.
그를 통해 하늘이 열리게 될 것입니다.

---

다윗이 블레셋 사람에게 이르되 너는 칼과 창과 단창으로 내
게 나아오거니와 나는 만군의 여호와의 이름 곧 네게 모욕하
는 이스라엘 군대의 하나님의 이름으로 네게 나아가노라. 1
Samuel 17:45

# 82. 하나의 마음

너와 내가 하나 되어
하늘의 뜻을 따라보자.
이 세상에 더 무엇이
필요한 것이 있었던가?

무엇을 위해 우리는
이 땅에 태어났던가?
목마르고 가난한 땅.
그 땅이 거기에 있다.

한번 뿐인 우리 삶을
어디에 바칠 것인가?
뜨거운 눈물을 흘리며
자신을 드릴 수 있다면

한 점 후회와
일말의 여한이 없이
아버지의 하늘로
돌아갈 수 있으리라.

우리가 손을 잡으면
못할 것이 무엇인가?

목숨을 내어 놓는다면
두려울 것이 무엇인가?

뜻을 정하고
나를 바친다면
거기에서 역사가
일어나게 될 것이니

우리 한 번
힘을 모아보자.
하늘의 역사를
일으켜 보자.

나 너를 얻고
너 나를 얻었으니
영원토록 같이 하여
하늘의 뜻을 이루어보자.

---

다윗이 사울에게 말하기를 마치매 요나단의 마음이 다윗의 마음과 하나가 되어 요나단이 그를 자기 생명처럼 사랑하니라. 1
Samuel 18:1

## 83. 평생

끝까지 해야 할 일이 있고
하지 않아야 할 일이 있다.
한 번 해버린 일은 평생
그림자를 남기게 된다.

지켜야 할 마음이 있고
버려야 할 마음이 있다.
마음 한 번 먹는 것에
일체의 비결이 있다.

지켜야 될 것이
그렇게 많은가?
그것이 어디로부터
너에게 온 것인가?

그것을 잃으면
천지가 무너지는가?
그것을 잡으면
영원히 안전하겠는가?

자유는 무엇을 얻는 데서 오는 것이 아닌
너 자신을 버리는 데서 오는 것이니

그것을 깨달으면
하늘로 들어가리라.

두려움에 질리면
사리를 잃어버리고
공포에 집착하면
지옥에 떨어지리니

순간이 계속되어
일생이 되는 것이고
일생이 반복되어
영원을 만드는 것이다.

그렇게 살아서는 안 되는 것이고
그렇게 평생을 살아갈 수는 없다.
나 여기에서
내 자리에 서리라.

사울이 다윗을 더욱더욱 두려워하여 평생에 다윗의 대적이 되
니라. 1 Samuel 18:29

# 84. 다윗과 요나단

남아있는 호흡을 나눌
그 한 사람이 필요하다.
언제 하늘로 돌아갈지 알지 못하지만
그래도 그때까진 희망을 나눌 수 있어야 한다.

거친 광야의 길을 걸어
하나의 하늘을 바라보며
끝까지 뜻을 같이 할
그 사람을 기다린다.

뜻이 통하고
같이 길을 걸어갈
그 한 사람이 남아 있다면
그래도 인생은 살만한 것이리라.

마지막 숨을 내쉬며
질긴 생명을 연명할
한 조각 기쁨의 조각을
맞추어 갈 수 있으리라.

다시 일어서야겠다.
그 한 사람을 찾아

텅 빈 걸망을 메고
길을 떠나야 하겠다.

누구라도 만나면
사랑의 인사를 나누고
그와 같이 눈을 마주치며
차 한 잔을 마셔야겠다.

그리고 기도를 드려야겠다.
비가 내리고
푸른 하늘이 나타날 때면
어느덧 정상에 서있으리라.

아니 거기가 아니라도 좋다.
흘러가는 강물 옆에
남루한 시신을 태워줄
그 사람만 있으면 된다.

---

다윗에 대한 요나단의 사랑이 그를 다시 맹세하게 하였으니
이는 자기 생명을 사랑함같이 그를 사랑함이었더라. 1 Samuel
20:17

# 85. 골리앗의 칼

나에게 그 칼을 다오.
불신을 깨뜨리고
어둠을 물리칠
불멸의 칼.

날마다 양날이 서린
그 칼을 갈지 않으면
한 조각 마음의 물도
베어낼 수가 없으니

문득문득 올라오는
깊은 심연의 망상과
아득하고 신비한 본능들.

오늘도 내 자리에 앉아
나의 남은 하늘을 바라보며
비루한 욕망을 잘라낸다.
바가지로 물을 퍼낸다.

이것이 내가 해야 하는
가장 거룩하고
엄위한 작업이니

아무도 걸어가지 않은
그 길을 걸으며
오늘도 남아있는
그 숨을 뱉어낸다.

한 올도 남김없이
모두 뱉어내야 한다.
그리고 나의 하늘로
날개를 달아야 한다.

그것이 내가
뜨는 해를 맞이하며
지는 해를 고이 보내는
마지막 나의 사명인 것.

네가 엘라 골짜기에서 죽인 블레셋 사람 골리앗의 칼이 보자
기에 싸여 에봇 뒤에 있으니 네가 그것을 가지려거든 가지라. 1
Samuel 21:9

# 86. 미친놈

미쳐야 미친다.
미쳐야 미치게 한다.
세상에 적당히 해서
되어진 일이 있었던가?

주어진 일에
목숨을 걸어야 한다.
무서운 집념을 가지고
몰두해야 한다.

그 일 외엔
아무것도 몰라야 한다.
그 일이 내 일이 되어야 한다.
그 안에 내 혼이 들어가야 한다.

그렇게 해도
확률은 반반이다.
되든지,
되지 않든지.

그렇게 하지 않는다면
확률은 하나도 없다.

되지 않아도
되기 때문에.


미친놈이라고
손가락질 하지 말라.
너는 한 번이라도
제대로 미쳐본 적이 있었던가?


그래서 그는 살아남은 것이다.
그 역할이 연극이 아니라.
자신의 진실이었기에.


내가 주어진 거기에 있으면
그것이 나에게 현실이 된다.
꿈은 없다.
단지 그때 그 순간의 진실이 있는 것일 뿐.


그들 앞에서 그의 행동을 변하여 미친 체하고 대문짝에 그적
거리며 침을 수염에 흘리매 1 Samuel 21:13

# 87. 아둘람의 굴

아둘람의 굴로 모이자.
거기에서 힘을 합해
우리의 역사를 일으켜 보자.
모두가 평등한 나라를 세워보자.

억울함 당한 모든 자와
무거운 빚진 모든 자와
원통함 당한 모든 자는
다 이곳으로 나아오라.

내가 너희의 한을
풀어 주리라.
우리 힘을 합하여
하늘의 뜻을 이루어 보자.

인생이 한 번 사는 것인데
그렇게 비겁하게 살 수는 없다.
언젠가 한 번은
일어서야 하지 않겠는가?

어차피 버림받은 몸이라면
어차피 죽을 수밖에 없는 것이라면

입에 혀라도 물고
주먹을 쥐어야 한다.

사람은 자기를 알아주는 자에게
목숨을 바치게 되는 것.
뜻을 모으면 길이 열리고
마음을 모으면 역사가 일어난다.

우리가 그것을
보여주어야 한다.
절망과 폭압의 땅에
희망의 불을 붙여야 한다.

그저 조용히 사라질 수 없다.
그것은 그들의 음모에 방조하는 것.
하늘 앞에 비겁한 죄와 함께
또 다른 죄를 지을 수는 없다.

환난 당한 모든 자와 빚진 모든 자와 마음이 원통한 자가 다 그
에게로 모였고 그는 그들의 우두머리가 되었는데 그와 함께
한 자가 사백 명 가량이었더라. 1 Samuel 22:2

## 88. 나 보다

그런 사람이 되고 싶다.
원수를 원수로 갚지 않고
상대의 몸짓에
빙그레 웃을 수 있는 사람.

눈에는 눈으로
이에는 이로
그만큼만 갚는 것도
절제가 필요한 것이지만

상대를 품에 안고
사랑으로 녹여내는 사람.
상대의 못질에도
맞대응하지 않는 사람.

그는 그의 업보로
그렇게 하는 것이지만
나까지 그의 업보에
휘말릴 필요는 없다.

감정이 일어나고
분노가 올라와도

그런 자신을 물끄러미 바라보며
어디에서 온 것인가를 알아야 한다.

보는 자는 알 수가 있고
아는 자는 참을 수가 있으니
끝까지 참는 자가
큰 사람일 것이다.

눈을 감고 맞이하는 자는
두려움에 질릴 것이지만
눈을 뜨고 맞이하는 자는
그것을 보고 웃을 수가 있다.

마지막에 웃는 자가
진정한 승자인 것이니
그때까지 너의 시간일 것이며
마지막은 나의 시간일 것이다.

다윗에게 이르되 나는 너를 학대하되 너는 나를 선대하니 너
는 나보다 의롭도다. 1 Samuel 24:17

# 89. 아비가일

한 남자의 어리석음으로
가문이 무너지고
한 여자의 지혜로움으로
나라가 살아난다.

입만 살아
나발대지 말고
깊은 역사의 통찰로
하늘을 열어야 한다.

역사의 흐름을 간파하고
진실 앞에 바로 서야 한다.
목숨이 아까워
굴종하지 않아야 한다.

비겁하게 무릎 꿇어
수백 번 죽지 말고
의롭게 한 번 죽어
날마다 부활해야 한다.

이제 생명의 어머니들이
반듯이 일어서야 한다.

역사의 굴곡을 바로 잡아
하늘의 뜻을 이루어야 한다.

우리가 힘을 합해
새로운 운동을 일으켜야 한다.
죽음의 문명을 버리고
생명의 문화를 세워야 한다.

날마다 살아있는 기도를 올려
하늘을 감동시켜야 한다.
모두가 한 곳으로 모여
생명의 향기를 올려야 한다.

무엇인 진실이고
무엇이 진리인지
하늘의 뜻을 세상에
소리 높여 외쳐야 한다.

주의 여종의 허물을 용서하여 주옵소서! 여호와께서 반드시 내 주를 위하여 든든한 집을 세우리니 이는 내 주께서 여호와의 싸움을 싸우심이요 내 주의 일생에 내 주에게서 악한 일을 찾을 수 없음이니이다. 1 Samuel 25:28

# 90. 갚으심

나는 믿는다.
하늘이 갚으실 것이다.
내가 갚는다는 것은
하늘의 것을 가로채는 것이다.

내가 할 일은
하늘이 하시도록 기다리는 것이다.
하늘보다 내가
앞서지 않는 것이다.

그 앞에 앉는다.
그의 소리에
귀를 기울이며
그의 길을 따른다.

무엇이 진실이고
무엇이 진리인지,
분별이 필요하고
통찰이 요구된다.

많다고 좋은 것도 아니고
없다고 슬픈 것도 아니다.

살아갈 만큼
숨 쉴 만큼만 있으면 되는 것.

그를 위해
너무 많은 것을 하지 않고
나를 위한다고
높이 쌓아두지 않는다.

걸을 수 있는 만큼
주어진 길을 걷는다.
그것이 그의 뜻이라면 좋은 것이고
그렇지 않다 해도 어쩔 수 없다.

나로서는 최선을 다한 것이고
그보다 더 잘 할 수는 없다.
그의 앞에서는
그것이 최상인 것이다.

---

여호와께서 사람에게 그의 공의와 신실을 따라 갚으시리니 이
는 여호와께서 오늘 왕을 내 손에 넘기셨으되 나는 손을 들어
여호와의 기름 부음을 받은 자 치기를 원하지 아니하였음이니
이다. 1 Samuel 26:23

# 91. 불러올림

보이는 것이
전부가 아니지만
보이지 않는 것에
휘둘리지 않는다.

눈을 감으면
아무것도 보이지 않지만
진리의 눈을 뜨면
진실을 보게 된다.

무시하지도 않지만
사로잡히지도 않는다.
함부로 아무나
부르지 않는다.

그의 이름을 불러
나의 욕망을 채우지 않는다.
나 자신의 세계를
스스로 살아간다.

미혹을 조심한다.
우리의 싸움은

혈과 육이 아니라
보이지 않는 영의 세계이다.

진리의 빛을 따라
세상에 빛을 비춘다.
영혼의 빛이 어두우면
어두움이 얼마나 심하겠는가?

눈을 바로 뜨고
거짓을 분별한다.
그의 열매로
그들을 알 수가 있다.

소원을 빌지 않는다.
그에게 두 손을 비비며
무릎을 꿇지 않는다.
다만 나의 길을 걸어갈 뿐이다.

---

블레셋 사람들은 나를 향하여 군대를 일으켰고 하나님은 나를 떠나서 다시는 선지자로도, 꿈으로도 내게 대답하지 아니하시기로 내가 행할 일을 알아보려고 당신을 불러 올렸나이다. 1
Samuel 28:15

# 5 장

역사의 사람

# 92. 활의 노래

생명을 나눈 친구여,
슬픔의 눈물이 흐른다.
그렇게 너는 역사의 뒤편으로
사라져 가야 되는가?

너의 위대한 용기는
어디로 갔는가?
우리는 누구를 바라보며
희망의 노래를 부를 수 있는가?

아무도 일어서지 않았을 때,
너는 일어섰고
누구도 오르지 않았을 때,
너는 앞장 서 나아갔다.

너의 칼로 인해
원수의 진영은 무너졌고
너의 화살에 의해
우리는 다시 살아났다.

꺾지 않으면
꺾이게 되는 것.

화살을 먹이는 것이
우리의 할 일이었다.

과녁을 맞추지 못하면
속이는 화살이 되리니
누가 너의 뒤를 따라
영광의 산에 오르겠는가?

하여 우리는 끝까지
팽팽히 당겨야 한다.
화살이 없는 자는
비웃음을 받게 되리라.

전사들이 원수의 산에 엎드러졌다.
생명의 용사들이 땅에 쓰러져 갔다.
우리는 언제 다시 일어서서
활의 노래를 부를 수 있겠는가?

---

명령하여 그것을 유다 족속에게 가르치라 하였으니 곧 활 노
래라. 야살의 책에 기록되었으되 2 Samuel 1:18

# 93. 길르앗

너희를 위해
죽은 자를 기억하라.
그도 한 시대를 살아왔으니
그의 이름을 더럽히지 말라.

그의 삶에
경의를 표하라.
역사의 지축에
한 페이지를 남긴 자들.

무릇 산 자들은
그들의 호흡으로
오늘 하루의 생명을
연장하는 것일 뿐.

그 누가 자기의 삶을
자랑할 수 있겠는가?
우리는 모두 서로의
손을 잡고 있는 것이니

노래를 부르라.
생명의 노래를

기도를 올리라.
영원의 시간을

슬픔의 노래를 잊어버리고
기쁨의 노래를 기록하라.
날마다 그날의
조시를 올리라.

그때 우리는
용기의 하루를 살았다
매일 새로운 하루를 시작했다.
그리고 그날의 희망을 놓지 않았다.

그것으로 해서 우리는
살만큼 살아온 것이다.
그것으로 오늘의 삶을
바칠 수 있는 것이다.

다윗이 길르앗 야베스 사람들에게 전령들을 보내 그들에게 이
르되 너희가 너희 주 사울에게 이처럼 은혜를 베풀어 그를 장
사하였으니 여호와께 복을 받을지어다. 2 Samuel 2:5

## 94. 마하나임

비록 싸울 수밖에 없다 하더라도
그들의 존재를 기억하라.
그들을 부끄럽게 하지 말라.
수치를 그들에게 주지 말라.

그들도 단지
한 시대를 사는 것이고
어쩔 수없이 자기의
일을 하고 있는 것이니

역사의 비극을 존중하라.
경외의 노래를 부르라.
우리는 항상
새롭게 시작하는 것이다.

모두 자기가 맡은 역할을 하는 것이지만
그래도 그것은 알아야 한다.
상대도 그 배역을 하고 있다는 것.
그것이 우리 모두의 운명이라는 것.

마지막 나팔을 불라.
이제 맡은 배역이 끝나고

우리의 공연이 막을 내리면
모두 집으로 돌아가야 한다.

언제까지 이 짓을 계속하겠는가?
이것이 너의 삶의 전부인 것인가?
또 다른 삶은
진정 없는 것인가?

이제 싸움이 끝나고
날이 밝아오면
우리의 피 묻은 손을
속죄의 강물에 씻어야 한다.

그의 삶이 걸린
모든 그림자를 지워야 한다.
내가 그를 생명의 모판에서 뽑아냈다는 것을
영원히 기억해야 한다.

아브넬과 그의 부하들이 밤새도록 걸어서 아라바를 지나 요단
을 건너 비드론 온 땅을 지나  마하나임에 이르니라. 2 Samuel
2:29

# 95. 역사의 집

새벽에 일어나 자리에 앉는다.
앉을 수 있는 자리가 있다는 것.
그것이 나에게 주어진
마지막 축복이다.

흐르는 시간을 바라보며
역사를 깨닫는다.
아무리 세상에 눈을 감아도
강물은 흐르고 시대는 변한다.

사람들은 흘러가는 시간을 잡으려고
소리 없는 몸짓을 한다.
죽기 싫고 놓기 싫어
천착의 춤을 춘다.

밀려오는 젊은 역사에
자기의 삶을 내려놓는다면
새로운 평안이 찾아올 것이다.
그것이 역사의 흐름인 것이다.

우리는 왜 그것을 알지 못할까?
무엇이 우리를 추하게 하는 것일까?

머물러 자신의 자리에 앉지 못하는 것.
모든 집착은 거기에서 시작된다.

비극의 카타르시스를 넘어
희극의 클라이막스가 찾아온다.
조용히 인사를 하며 인생의 막을 내린다.
거기에서 우리의 삶은 완성이 될 것이다.

이것이 나의 목표이다.
그는 흥하고 나는 쇠함으로
그가 마침내
드러나게 되는 것.

이것을 해낼 수 있다면
나는 역사의 뒤안길로 사라질 수 있으리라.
이것을 위해 나는 지금 여기에서
마지막 숨을 쉬고 있는 것이다.

---

사울의 집과 다윗의 집 사이에 전쟁이 오래매 다윗은 점점 강
하여 가고 사울의 집은 점점 약하여 가니라. 2 Samuel 3:1

# 96. 아브넬을 위한 애가

위대한 용사가 쓰러졌다.
오래된 복수의 감정이 살아나
다시는 일어설 수 없도록
그의 생명을 묶어버렸다.

역사의 흐름을 바꾼 용사.
그의 위대한 결정은
혼돈을 가르고
어둠을 열었다.

역사의 대의를 위해
자기를 버린 다는 것.
자신을 해체한다는 것은
그렇게 쉽지 않은 일이다.

시대의 흐름을 읽고
시대를 다시 세운다는 것은
아무나 할 수 없는
가장 고귀한 일이다.

그는 그것을 해내었다.
그것은 세상에 희망을 주고

하늘의 문을 여는
위대한 승리였다.

하지만 내가 그를 지켜주지 못했다.
내가 무능하고 힘이 없어
그의 활이 꺾이어졌고
그의 무릎이 꿇려졌다.

내가 더러운 승리를 얻었다.
실패의 무력한 왕관이
무슨 영광을
얻을 수 있겠는가?

그러나 내가 너를 기억하리라.
반드시 내가 너를 위해
아무도 부르지 않은
슬픔의 노래를 불러 주리라.

---

왕이 아브넬을 위하여 애가를 지어 이르되 아브넬의 죽음이
어찌하여 미련한 자의 죽음과 같은 고? 2 Samuel 3:33

# 97. 강성

한꺼번에 되는 것은 없다.
때를 기다려야 한다.
조용히 머리를 숙이고
자기의 자리에 앉아야 한다.

목이 곧은 백성은
머리 숙일 줄을 모른다.
언제나 고개를 들고
손가락질을 한다.

그가 일으키셔야
일어날 수 있다.
아무나 기회를 잡을 수 있는 것은 아니고
아무나 하늘에 오르는 것은 아니다.

세월을 기다려야 한다.
하늘이 허락해야 한다.
그가 움직이셔야 한다.
우리는 다만 최선을 다하는 것일 뿐.

될 사람은 되는 것이고
되지 않을 사람은 되지 않는다.

겸손히 때를 기다릴 수 있어야 한다.
그때야 하늘에 오를 수 있는 것이다.

그리고 때가 오면
결연히 일어서야 한다.
겁을 먹지 말고 두려워하지 말고
시대에 자신을 던질 수 있어야 한다.

그런 자만이
승기를 잡을 수가 있다.
한번 지나간 기회는
다시 오지 않는 것.

자기를 버리는 자만이
생의 명을 얻을 수 있다.
그가 함께 하셔야 한다.
그가 하시면 하늘이 열릴 것이다.

만군의 하나님 여호와께서 함께 계시니 다윗이 점점 강성하여
가니라. 2 Samuel 5:10

## 98. 베레스 웃사

너의 생각으로
나를 함부로 만지지 말라.
그냥 너의 자리에 앉아
나를 바라보기만 하라.

너의 뜻으로
나를 움직이려 하지 말고
나를 하늘과 땅으로
바꾸려 하지 말라.

네가 하지 않아도
내가 움직일 것이고
나의 명을 따라
세상은 돌아갈 것이다.

나를 붙들지 말라.
나는 하늘의 세계로 가야 한다.
나에게는 나의 일이 있다.
나는 아직 영광을 받지 못했다.

오직 너에게는
너의 일이 있을 뿐.

지금 너의 자리에서
너의 할 일을 하라.

내가 너를 친다고
분하여 하지 말라.
내가 너를 진정으로 칠 때에
깨달음의 샘이 터질 것이다.

마음으로 저항하지 말라.
묵묵히 그것을 받아들이라.
하늘의 벼락을 맞아야
진정한 지혜가 나오게 될 것이다.

성실로 답이 나오는 것이 아니고
충성으로 역사가 바뀌지는 않는다.
끝까지 눈을 뜨고
역사의 흐름을 바라보라.

여호와께서 웃사를 치시므로 다윗이 분하여 그곳을 베레스 웃
사라 부르니 그 이름이 오늘까지 이르니라. 2 Samuel 6:8

# 99. 뛰놀리라

바람이 불 때는
돛을 달 것이고
비가 올 때는
길을 걸으리라.

꽃이 필 때는
춤을 출 것이며
열매가 맺힐 때는
추수를 시작하리라.

나를 불 속에서
건져 올리셨으니
나의 모든 것을 태워
그의 불을 밝히리라.

타다 남은 통나무라고
초라한 불을 밝힌다고
나를 비웃지 말라.
그것이 나의 마음이다.

바람을 타고
하늘에 오르리라.

마지막 숨을 쉬며
노래를 부르리라.


너는 너의 자리에서
체통을 지키라.
나는 나의 자리에서
옷을 벗으리라.


나의 모든 것을 벗어
그의 영광을 나타내리라.
아무것도 남기지 않고
나 자신을 불사르리라.


빈손으로
나의 하늘로 돌아가리라.
고요히 눈을 감고
그의 품에 안기우리라.


다윗이 미갈에게 이르되 이는 여호와 앞에서 한 것이니라. 그가 네 아버지와 그의 온 집을 버리시고 나를 택하사 나를 여호와의 백성 이스라엘의 주권자로 삼으셨으니 내가 여호와 앞에서 뛰놀리라. 2 Samuel 6:21

# 100. 하나님의 집

네가 나를 위하여
집을 짓겠느냐?
네가 지은 집에
내가 머물겠느냐?

너의 손을 거두라.
너는 너의 일을 하라.
우주가 나의 성전이고
하늘이 나의 거처인 것을.

너의 할 일이 무엇인가?
나를 위하여 집을 짓지 말라.
그것은 너의 일이 아니로다.
다만 너의 자리에서 너의 일을 하라.

바람을 잡아둘 수 없고
태양을 가릴 수 없듯이
나를 네 안에
가두려하지 말라.

바람은 불어야 하고
태양은 달려야 하니

그것을 알면
깨달음을 얻으리라.

나를 자유롭게 하라.
나를 나 되게 하라.
나의 무릎을 꿇리지 말고
나의 하늘로 오르게 하라.

나의 길을 걷게 하라.
순례의 길을 떠나게 하라.
언제나 하늘을 바라보고
진리의 길을 걷게 하라.

너의 집을 허물라.
그리하여 나로 하여금
무에서 승화하게 하라.
새롭게 태어나게 하라.

내가 이스라엘 자손을 애굽에서 인도하여 내던 날부터 오늘까지 집에 살지 아니하고 장막과 성막 안에서 다녔나니 2 Samuel 7:6

# 101. 어디로 가든지

그의 뜻을 따르면
어떤 문제도 없다.
그와 함께라면
아무런 두려움이 없다.

그가 앞서 가시면
막힘이 없다.
그가 원하시면
길이 열릴 것이다.

항상 그것이 문제였다.
이것이 그의 뜻인지?
이것이 그가 원하시는 것인지?

이제부터 삶을
쉽게 살기로 했다.
내 뜻과 생각으로
잔꾀를 부리지 않기로 했다.

그렇게 살아가니
자유가 시작되었다.
하늘의 평안이

나를 지배했다.

마음이 편해야
천국이 된다.
천국이 되어야
안식에 들어간다.

하루를 살더라도
그렇게 살아야 한다.
순간을 살아도
영원으로 산다.

천국과 지옥이
종이 한 장 차이이며
성공과 실패가
마음 한 조각이다.

# 102. 당신의 상에서

아무것도 없고
무엇도 가지지 않은
죽은 개 같은 나를
당신이 찾아오셨습니다.

당신의 상에서
떡을 떼게 하시고
당신의 자리에
나를 앉히셨습니다.

모두가 나를 버리고
누구도 같이 하지 않으며
제대로 걸을 수도 없는
나를 부르셨습니다.

뒷전의 수군거림이
한없이 나를 초라하게 하고
차가운 손가락질이
가슴을 찔렀습니다.

그렇게 사람은 저절로
죽어가는 모양입니다.

아무런 관심도 없는 것이
차라리 나에게는 편했습니다.

이렇게 살아가며
마지막 숨을 쉬는 것이
구차한 구더기처럼
무슨 가치가 있겠습니까?

날마다 나는
하늘만 바라보았습니다.
어디에서 바람이 불어올까?
어디에서 웃음을 지을 수 있을까?

절망의 한이 쌓이면
희망의 꽃이 피어나는 것일까요?
끝없는 바닥까지 떨어지면
마침내 하늘로 오르게 되는 것일까요?

다윗이 그에게 이르되 무서워하지 말라. 내가 반드시 네 아버
지 요나단으로 말미암아 네게 은총을 베풀리라. 내가 네 할아
버지 사울의 모든 밭을 네게 도로 주겠고 또 너는 항상 내 상에
서 떡을 먹을지니라. 2 Samuel 9:7

## 103. 남아서

그가 일하시니
나도 일하고
그가 나가시니
나도 나간다.

나 홀로 평안히
거하지 않는다.
그와 함께 하며
그와 함께 간다.

그가 머무시니
나도 머물고
그가 싸우시니
나도 싸운다.

날마다 처절하게
십자가를 지고 간다.
내 자아를 부인하고
그의 뜻을 따라간다.

그가 죽이시니
나도 죽이고

그가 죽으시니
나도 죽는다.

끊임없이 올라오는
혈기를 죽이고
내 안에 꿈틀거리는
욕망을 죽인다.

어디를 가든지
그의 옆에 앉는다.
그가 앉으시니
나도 앉는다.

그가 칼을 드시니
나도 칼을 든다.
그의 십자가를 지고
날마다 죽는다.

그 해가 돌아와 왕들이 출전할 때가 되매 다윗이 요압과 그
의 부하들과 온 이스라엘 군대를 보내니 그들이 암몬 자손을
멸하고 랍바를 에워쌌고 다윗은 예루살렘에 그대로 있더라.
2 Samuel 11:1

# 104. 저녁 때

조그만 구멍으로
세상을 바라본다.
침을 흘리며
정신을 놓는다.

보는 것에서
욕망이 시작된다.
보이는 그것을
가지고 싶어진다.

보이는 그것을
만지고 싶어지고
탐스런 그것을
먹고 싶어진다.

침을 꿀꺽인다.
먹고 죽은 귀신이 때깔도 좋다.
그래서 먹다가
죽어 나가겠지.

기도하는 대로
응답을 받게 되고

생각한 대로
행동을 하게 되니

보는 것을 조심하라.
함부로 만지지 말라.
아무 생각이나 하지 말고
떠오르는 생각을 지키라.

이 생각이
어디에서 왔는가를 살피라.
필요하다고 구하지 말고
하늘의 뜻대로 기도하라.

바로 보고
바로 걷고
주어진 길을
똑바로 걸어가라.

저녁때에 다윗이 그의 침상에서 일어나 왕궁 옥상에서 거닐다
가 그곳에서 보니 한 여인이 목욕을 하는데 심히 아름다워 보
이는지라. 2 Samuel 11:2

# 105. 동침

우연의 일치일까?
왜 그 시간에
그녀는 거기에서
옷을 벗고 있었을까?

자기의 몸을 씻으며
무엇을 기다리고 있었을까?
무엇이 그녀의 마음에서
꼬리를 치고 있었을까?

시선을 자극하며
치마를 올리는
그녀의 가슴에는
무엇이 있었을까?

자기의 집을 헐고
쾌락의 왕궁을 세워서
무엇을 하고자 하였을까?
어떤 역사를 남기고 싶었을까?

모든 울림의 소리는
상대가 있어야 한다.

혼자 소리로는
일어나지 않는다.

단지 권력의 힘으로
그녀는 굴복당한 것인가?
아니면 그녀만의
새 역사를 창조한 것인가?

부르심에 단장하는
그녀의 작은 가슴은
얼마나 뛰고 있었을까?
속으로 어떤 웃음을 짓고 있었을까?

집으로 돌아가는 그녀의 발걸음은
어떤 소리를 내고 있었을까?
그 소리를 듣는 사랑의 마음은
얼마나 무너지고 있었을까?

---

다윗이 전령을 보내어 그 여자를 자기에게로 데려오게 하고
그 여자가 그 부정함을 깨끗하게 하였으므로 더불어 동침하매
그 여자가 자기 집으로 돌아 가니라. 2 Samuel 11:4

# 106. 물러가서

어둠 속에서
하늘의 아들이 무너진다.
인간이 죄를 지을 때
얼마나 악해질 수 있는가?

욕망에 눈이 멀면
앞이 보이지 않는다.
그것을 모의할 때
양심은 어디에 있었는가?

수렁에서 건져내어
빛나는 그릇을 만들었다.
눈물을 흘리며 감사하던
그 마음은 어디에 있는가?

부끄러운 줄 모르고
회개할 줄을 모른다.
무엇이 이들을
이렇게 만들었는가?

죄 속에 있으면
점점 더 악해진다.

한 자리를 잡으면
모두 이렇게 되는가?

바라볼 것도 없고
거룩할 것도 없다.
무엇이 우리의 희망이며
우리는 어디로 가야하는가?

그렇게 그는
무너져야 하는가?
자신의 악을
드러내야 하는가?

끝까지 갈고 닦지 않으면
모두가 이렇게 무너질 것.
우리를 도우소서!
우리를 건지소서!

---

그 편지에 써서 이르기를 너희가 우리아를 맹렬할 싸움에 앞
세워 두고 너희는 뒤로 물러가서 그로 맞아 죽게 하라 하였더
라. 2 Samuel 11:15

# 107. 슬픔의 시간

사랑은 죽어도
생명은 태어난다.
아무렇지도 않은 듯
눈을 감고 살아간다.

하늘을 배신하고
수치를 감춘다.
그들은 어디까지
자신을 가릴 수 있을까?

하늘 두려운 줄 모르고
땅 더럽히는 줄 모르는
양심에 화인 맞은
어리석은 군상들.

그러니까 그렇게
살아가는 것이겠지.
눈만 가리면 되는 것인 줄
생각하는 것이겠지.

하루도 되지 않아
악행을 저지른다.

회개할 줄 모르니
구원도 없다.


해 아래에서 벌어지는
수많은 악행들.
그들의 사악을
어떻게 갚을 것인가?


아무런 대책도 없고
어떠한 생각도 없다.
그저 죄악을 행하며
멸망으로 빠져간다.


열 명의 의인이 없나니
하나도 찾을 수 없다.
모두 같이 손을 잡고
지옥을 향해 걸어간다.

그 장례를 마치매 다윗이 사람을 보내 그를 왕궁으로 데려오
니 그가 그의 아내가 되어 그에게 아들을 낳으니라. 다윗이 행
한 그 일이 여호와 보시기에 악하였더라. 2 Samuel 11:27

# 108. 당신이 그 사람이라

당신이 우리를 불러내어
하늘의 백성을 삼으셨습니다.
어둠 속에서 우리를 일으켜
진리의 불을 밝히셨습니다.

그때 하늘에서 소리가 들려왔습니다.
그것은 어둠을 가르고
혼란의 땅을 밝혀내는
개벽의 역사였습니다.

내가 너를 건져낸 것처럼
너의 사명을 감당하라.
무엇을 위해 살 것인가,
너의 목적을 분명히 하라.

하여 우리의 삶은 희망을 얻었고
새로운 가치를 얻게 되었습니다.
살아갈 소망이 생겼고
삶의 의미가 부여되었습니다.

그러나 이제 우리가
그 마음을 잃어버렸습니다.

우리가 당신의 사랑을
망각해 버렸습니다.

거룩한 자리를 떠나
당신을 버렸습니다.
우리가 죽일 놈입니다.
우리를 치십시오.

다시 창조의 역사를
새롭게 시작하십시오.
태초의 원점으로
우리를 돌이키십시오.

아무것모 없는
무에서 시작하여
우리의 실체를
알게 해주십시오.

나단이 다윗에게 이르되 당신이 그 사람이라. 이스라엘 하나님
여호와께서 이와 같이 이르시기를 내가 너를 이스라엘 왕으로
기름 붓기 위하여 너를 사울의 손에서 구원하고 2 Samuel 12:7

# 109. 경멸

그것을 감당할 수 있겠거든
그렇게 한 번 살아보라.
그러나 그것을 감당할 수 없겠거든
다시 삶을 시작하라.

네가 너의 씨를 뿌렸고
어둠을 네가 자초했으니
영혼의 빛이 사라지면
암흑이 시작되리라.

네가 칼을 빼었으니
피를 흘리게 될 것이요
칼로 악행을 저질렀으니
후회가 너를 찢으리라.

쾌락은 순간이요
형벌은 영원하니
그 죄악의 결과를
어떻게 감당하겠느냐?

쉽게 칼을 빼지 말고
생각 없이 죄를 짓지 말라.

저주는 삼 사 대요
축복은 천대로다.

그 피의 대가를
네가 담당하겠느냐?
그 저주의 결과를
네 후손에게 돌리겠느냐?

그렇게 함부로
말을 뱉지 말라.
돌이킬 수 없는
무서운 일이 시작되리라.

육신은 한 번 죽겠지만
영혼은 수천 번 죽으리니
더러운 이름을 남기지 말고
영광의 자리를 선택하라.

이제 네가 나를 업신여기고 헷 사람 우리아의 아내를 빼앗아
네 아내로 삼았은즉 칼이 네 집에서 영원토록 떠나지 아니하
리라. 2 Samuel 12:10

## 110. 솔로몬


악 속에서도
기쁨은 있고
어둠 속에서도
보석은 빛이 난다.

아무 것도 없는 곳에서도
역사는 일어나고
진흙 속에서도
꽃은 피어난다.

그것이 하늘의 역사이다.
어떻게든 우리는
그 속에서 살아가야 한다.

가장 어두운 역사 속에서도
평화의 아들은 태어난다.
얼마나 많은 웃음이 뿌려졌던가?
우리는 그저 울고 있을 수만은 없다.

그렇게라도 살아야 한다.
절망과 한숨으로
남은 세월을 보낼 수는 없다.

무언가 붙잡을 것이 있어야 한다.
그 속에서 살아남아야 한다.
그것이 지금 우리에게 주는
하늘의 명령이다.

어차피 악의 꽃이고
슬픔의 역사인 것을.
비탄의 세월만
보낼 수는 없다.

이것이 우리가 부르는
생명의 노래이며
우리의 길을 걸어가는
순례의 이야기이다.

다윗이 그의 아내 밧세바를 위로하고 그에게 들어가 그와 동
침하였더니 그가 아들을 낳으매 그의 이름을 솔로몬이라 하니
라. 2 Samuel 12:24

# 111. 압살롬

우리의 자녀들은
우리의 구원을 위해서
하늘이 내려주신
지고의 선물이다.

우리는 자녀를 통해서
평생 기도를 하게 되며
일생 그들을 위해
간구하게 된다.

그러하니 그들이 어찌
우리의 스승이지 않겠느냐?
우리는 그들을 통해서 자신을 깨닫게 되고
하늘 앞에 무릎을 꿇게 된다.

나는 옆으로 걸어도
너희는 똑바로 걸어라.
나는 못되게 살아도
너희만은 올바로 살아라.

아무리 악한 자일지라도
자녀를 위해 기도하게 된다.

다만 그 문을 조금만 넓힌다면
하늘이 그 기도를 응답할 것이다.


내 자녀만 하늘이 주신 것이 아니라
모두 다 성령의 뜻에 의해
하늘이 점지하신
귀한 생명인 것을.


무엇이 그들을 위해
진정한 선이 될 것인지,
그것만 깨닫게 된다면
하늘과 가까워질 것이다.


감사한다, 자녀들아.
지금까지 나에게로 와
그 뜻을 깨닫게 해준 그것만 해도
우리는 너희에게 은혜를 갚을 수가 없다.


---

왕의 마음이 심히 아파 문 위층으로 올라가서 우니라. 그가 올
라갈 때에 말하기를 내 아들 압살롬아, 내 아들 압살롬아, 차라
리 내가 너를 대신하여 죽었더면. 2 Samuel 18:33

## 112. 바르실래

나는 나를 압니다.
나는 나의 때를 압니다.
나는 나의 할 일을 했을 뿐,
이제는 죽음을 준비해야 합니다.

하늘과 하나 되어야 할
수행의 시간이 되었습니다.
더 이상 세상의 일에
마음 쓸 시간이 없습니다.

나의 산으로 들어가야 합니다.
나를 보내신 이에게로 돌아가야 합니다.
더 이상 세상에서
무엇을 바라겠습니까?

이것이 나의 남은 일입니다.
나를 받아주소서!
마지막 하늘로 가기 전에
나의 삶을 정리해야 합니다.

조용히 그 날을 바라보며
나의 자리에 앉아야 합니다.

하늘의 품에 안겨
안식을 누려야 합니다.

그보다 더 필요한 일이
어디에 있으며
그보다 더 해야 할 일이
무엇이 있겠습니까?

아무도 나를 꺾을 수 없고
무엇도 나를 바꿀 수 없으니
이것이 내가 해야 할
마지막 일입니다.

비천한 목숨이 안녕을 고합니다.
이루지 못하고 떠날 수 없기에
여기까지만
당신을 따르겠습니다.

바르실래가 왕께 아뢰되 내 생명의 날이 얼마나 있사옵기에
어찌 왕과 함께 예루살렘으로 올라가리이까? 2 Samuel 19:34

# 113. 다윗의 노래

이제 세월을 돌아보며
나의 자리에 앉습니다.
지나온 점점의 시간이
피를 흘리고 있습니다.

비천한 나를 불러
영광의 자리에 올리셨고
거룩한 기름을 부어
왕관을 씌우셨는데

그 은혜를 저버리고
후회의 한을 남겼습니다.
한 점의 욕된 파동이
마음을 흔들었습니다.

이제 모든 짐을
내가 지고 가겠습니다.
모든 선택이 나의 것이었고
모든 사랑이 나의 삶이었으니

아무런 변명이나
핑계를 대지 않습니다.

조용히 미소를 지으며
나의 삶을 정리하겠습니다.

당신만 바라보며
여기까지 걸어왔습니다.
당신이 나의 힘이었고
당신이 나의 자랑이었습니다.

당신이 나를 불러
내가 존재했으며
당신이 나에게로 와
꽃을 피우셨습니다.

모든 열매를 당신께 드립니다.
이것도 당신의 선물일 것이니
감사의 마음과 기도를 올리며
나의 눈물을 당신의 병에 담겠습니다.

---

여호와는 나의 반석이시요 나의 요새시오 나를 위하여 나를
건지시는 자시요. 2 Samuel 22:2

# 에필로그(Epilogue)


어둠의 길을 걷습니다.
아무것도 보이지 않습니다.
그 속에서 나는
당신의 사람이 되기를 원합니다.

수많은 사람들이
자기의 길을 걸어갑니다.
그 속에서 조금이라도
당신의 길을 걷기를 원합니다.

당신의 뜻을 이루기를 원합니다.
당신의 자리에 앉기를 원합니다.
당신 앞에 무릎 꿇고
당신의 뜻을 생각합니다.

한 번뿐인 인생인 것을
남겨둘 필요도 없는 것이고
아쉬워할 필요도 없는 것이니
아무것도 모으지 않습니다.

나의 있는 것을
모두 불태워 버리고
날마다 당신의 길을 걸어

거기까지 도달합니다.

그리고 조용히
지나온 날을 돌이켜보며
마지막 기도를 드립니다.
나를 받으소서!

수많은 사람들이 있고
수많은 삶이 있을 것인데
지금까지 나는 무엇을 위해
가쁜 숨을 쉬고 있었던가요?

다시 길을 떠납니다.
당신을 바라보며
거기에서 삶을 마치겠습니다.
조용히 미소를 짓겠습니다.